小原 豊・金児正史・北島茂樹 編著

実践事例で学ぶ
生成AIと創る未来の教育

Yutaka Ohara / Masafumi Kaneko / Shigeki Kitajima

東洋館出版社

まえがき

　生成AIはまさに黎明期にあり、各界での使用方法が模索されています。18世紀に生じた産業革命が肉体労働を一新したように、生成AIは頭脳労働の様式を現在進行形で劇的に変えています。新しく生まれたテクノロジは常に'プロメテウスの火'であり、その危険性を正しく制御しなければ、災厄をもたらします。教育関係者が学習機会の喪失を懸念して自宅や学校での生成AI使用に警戒感をもつのは当然です。しかし、それでも我々はホモ・ファーベル（homo faber）であり、技術を高める道具を一度創って手にしたら、それを手放すことはできません。社会は変わらざるを得ず、その秩序を維持しつつ発展に寄与する成員を育むべき学校も変わらざるを得ません。道具（手段）が変われば求められる資質・能力（目的）も適宜変わります。知識・技能の習得を中軸とする旧態的な思考力は生成AIという新たな情報技術で明確に圧倒されたのです。これが本書の原点です。

　こうした急速な変化の中、文部科学省は令和5年7月に「初等中等教育段階における生成AIの利用に関する暫定的なガイドライン」を暫定し、生成AIを授業や校務に用いるパイロット校を指定して、教育実践の創出とその知見の備蓄を進めています。こうした先端的取り組みはすばらしく、形骸化を避けつつ慎重かつ迅速に草の根的に拡げるべきでしょう。

　以上から、本書は学校教員のための生成AIによる教育実践の入門書として企画するものであり、その特徴は「実践と反省」を重んじたことです。ラインホルド・ニーバーに準えれば、我々に必要なのは、変えるべきものを変える進取の勇気と、変えるべきではないものを保つ冷静さ、そして、不易と流行を見極める知性、ということになります。

　末筆になりましたが、本書の刊行に当たり、東洋館出版社の大場亨様には格別のお力添えをいただきました。ここに記して深謝申し上げます。

2024年9月

編著者代表　小原　豊

目次

まえがき ……………………………………………………………………………… 1

第1章　世界に何が起きているか？：ICT教育からAI共育へ
……… 5

第1節　生成AIがもたらす潮流 …………………………………… 5
1　生成AIは教師になれるのか？ ── 5
2　生成AIの現在と2026年問題 ── 9
3　職業喪失予測と学校教育 ── 13
4　生成AIと学習評価 ── 17
5　生成AIと授業づくり ── 22
6　生成AIと創造性 ── 24

第2節　生成AIが引き起こす課題 ………………………………… 28
1　生成AIとシティズンシップ ── 28
2　生成AIと心の科学 ── 32
3　生成AIと批判的思考 ── 36
4　生成AIと権利問題 ── 39
5　生成AIとメンタルヘルス ── 43
6　生成AIと大学入学試験 ── 47
【Column】問いの科学とプロンプトエンジニアリング ── 49

第2章　未来の働き方を考える：生成AIによる省力化と充実
……… 50

第1節　校務はどう変わるか？ …………………………………… 50
1　週案作成と修正の実際 ── 50

　　　　2　遠足・校外学習の行程立案の実際 —— 55
　　　　3　学級通信の翻訳 —— 59
　　　　4　生成AIを使った文章校正 —— 64
　　　【Column】生成AIとデータサイエンス —— 68

　第2節　授業準備はどう変わるか？ ·· 69
　　　　1　授業準備はどう変わるのか —— 69
　　　　2　新規問題の作成の実際 —— 73
　　　　3　模範解答の導出の実際 —— 77
　　　　4　評価規準の設定の実際 —— 81
　　　【Column】生成AI観はどう変わるのか —— 85

　第3節　家庭学習はどう変わるか？ ·· 87
　　　　1　生成AIによる教育格差の低減 —— 87
　　　　2　生成AIによる反転学習とは —— 91
　　　　3　生徒による知的「壁打ち」 —— 95
　　　　4　発展的な自学自習 —— 98
　　　【Column】進んだ生徒による学び方 —— 101

第3章　子どもの学びをどう創るのか？：生成AIを用いた授業実践 ································ 103

　第1節　パイロット校における実践と学習評価 ································ 103
　　　　1-1　足立区立興本扇学園における実践と成果 —— 103
　　　　1-2　生成AIが作成した証明を生徒が添削する学習活動の評価 —— 106
　　　　2-1　熊本市立北部中学校における実践と成果 —— 108
　　　　2-2　生徒が生成AIを学びのパートナーにする学習活動の評価 —— 110
　　　　3-1　茨城県立竜ヶ崎第一高等学校における実践と成果 —— 112
　　　　3-2　生徒が生成AIと問題について対話する学習活動の評価 —— 115
　　　　4　パイロット校における実践から得られた示唆 —— 116

　第2節　協力校における実践と知見 ·· 118
　　　　1-1　小学校算数科でのChatGPTによる実践 —— 118

- 1-2 本事例の寸評 —— 121
- 2-1 小学校総合的な学習の時間でのBingチャットによる実践 —— 123
- 2-2 本事例の寸評 —— 126
- 3-1 小学校国語科でのCanvaによる実践 —— 127
- 3-2 本事例の寸評 —— 130
- 4-1 小学校生活科でのCanvaによる実践 —— 131
- 4-2 本事例の寸評 —— 133
- 5-1 中学校総合的な学習の時間でのRunway Gen-2による実践 —— 135
- 5-2 本事例の寸評 —— 137
- 6-1 高等学校物理でのGoogle Geminiによる実践 —— 139
- 6-2 本事例の寸評 —— 142

引用・参考文献 143
索引 149

第1章

世界に何が起きているか？：ICT教育からAI共育へ

この章では、生成AIによって引き起こされる事象の基礎的な捉え方を示した上で、国際社会で見込まれている教育改革の在り方を展望します。

第1節 生成AIがもたらす潮流

1 生成AIは教師になれるのか？

　生成AI（Generative Artificial Intelligence）とは、大量のデータを基に機械学習と深層学習によって新たな文章や画像、音楽などのコンテンツを作成するモデルです。大規模な言語、画像、音声など多様な様式のデータを組み合わせて対話調に出力する現行のシステムがつくった成果を「新しい」と形容するのにはやや抵抗もありますが、創造は概ね注意深い模倣であると捉えれば、生成AIは広い意味では創造的と評すことができます。また、現行モデルは、正確には人間の知性を完全に模倣したものではありません。自然言語による表示ならば、事前に学習されたデータについて単語と単語の関連性をスコアし再帰的に系列処理して出力している弱い（weak）人工知能と呼ばれるものです。そして、そうした認識をもった上でもなお、「知能」と見立てられるほどの特性を確かに感じることができます。

　こうした昨今の生成AIに関する報道は後を切らず、その使用について憂慮する論調が散見されます。恐ろしいのは、これらが危機感を煽ることで何らかの購買選択を迫る安手の不安商法ではなく、妥当な未来予測になっている点です。教育界隈もこの潮流からは免れられません。本節では、これからの学校教育、そして教師の在り方について展望します。

　新たなテクノロジが社会インフラとして定着すれば、学校はその変化に沿った改革が求められます。しかし、スペンサーやデューイに倣うまでもなく、そうした改革を受動的にではなく、むしろイノベーションを契機に

学校教育を通して社会進化を牽引する気概こそが要るのです。生成AIで変わる社会を見据えて、教育をいかに変えていけばよいのでしょうか。

　結論を述べれば、今まで以上に「問い」を軸とする教育の見直しが必要となるでしょう。何を問い、どう問い、いかに問いを洗練させるのか、生成AIは「問い」こそが知性の源泉であることを先鋭化しました。旧来の学校教育では、問いを立てるのは主に教師側、答えるのは児童生徒側でしたが、このような、他人が立てた「問い」の答えにたどり着く早さを競い合う学力観はすでに旧態的と言えます。「よい問い」をもつことや「問い方」を整えることは、ある意味で答えより重要なのです。篠原助市以来、我が国の教育学においても「問い」の重要性は繰り返し唱えられてきました。生成AIで望ましい出力を得る上での指示（プロンプト）を設計する必要性を鑑みれば、対話活動を促す「問い方」こそが切実に求められます。これは「考え方を考える」、いわば高次思考の習得と軌を一にしています。例えば、「よい教師とは何か」について生成AIに尋ねてみましょう。GPT-4oによる回答を図1-1に示します。

　図1-1上のように抽象的にざっくり問えば毒にも薬にもならない

図1-1　ChatGPTの回答例

回答を返し、図1-1下のように問えば具体的で脈略のある回答になるでしょう。こうした指示（プロンプト）を重ねる過程を通して、用語規定や条件付け、範囲確定などの妥当な要件定義の在り方を知り、生成AIとの対話において求める回答の前提条件を統制する要領を覚えていくのです。

　こうした生成AIとの対話活動では、何を問うのか（what）という探究の切り口としての「視点」、なぜ問うのか（why）という原動力としての「知的好奇心」、いかに問うのか（how）というプロンプト設計としての「問い方」が一体的に求められます。その上で、得られた諸回答を別角度で精査することでディープフェイクや虚偽を含んだ誤生成（ハルシネーション）を排除する「批判的思考」が必要となります。こうした資質・能力のどれもが一朝一夕で育つものではありません。一連の入出力の繰り返しを何往復も続ける活動で徐々に洗練させねばなりません。生成AIとの一連のやり取りは、俗に「壁打ち」と称されますが、実に秀逸な比喩です。対人配慮が要らずいつでも好きなときに行えて、自分の行い（問い方）の上手下手がそのまま跳ね返ってくるので他責にはしがたいわけです。まさに司馬遼太郎による西郷隆盛の人物評の如く、小さく打てば小さく響き、大きく打てば大きく響きます。問う側が弁えるべき問題なのです。

　アフターコロナ期を迎えている我々は、せっかく刷新されたICT教育を持続可能にすべく教育DXに腐心していますが、その背後には協働学習を軸とした共生型の学力観への転換があります。様々な立場から影響を与え補い合うことで成長を相互支援する「共育」主義とも通底していますが、教えるものと教わるものを積極的に未分化にするこの学力観は、楽天的で無責任な思想なのでしょうか。決してそうは思えません。これは単に地域社会を巻き込むことや、知識量の多寡を見る旧来的な学力差によるトラッキングを否定して学び合う環境を設定する狭義の取り組みにはとどまらず、テクノロジを含めた文化の円環を支える基本視点です。先述のように、生成AI自体がビックデータに基づくモデルであり、大量のユーザーたちが多様なデータを入力して蓄積していき、更に膨大になったデータでモデルを洗練させます。つまり、生成AIとその一連のユーザーたちは共生関係にあり、広義には皆互いに育て合っている、いわばAI共育とも言える様

相なのです。こうした円環内では、クローズドで利己的な競争中心の学力観よりもオープンで協調的な創造中心の学力観のほうが未来での学びの展開と整合的だと考えられます。

　さて、以上を踏まえて題記である「生成AIは教師になれるのか？」について展望します。もし、知識や技術、情報を効率よく習得することを目的とする旧来的な教育観に基づくならば、生成AIは相当優秀な教'員'になれるでしょう。しかし、我が国の教育基本法第1条に定められているように、教育の本質を被教育者の「人格の完成」に置くなら、少なくとも、現時点では教'師'にはなれません。その職責にて「学びに向かう力、人間性等」のような非認知的な資質を含めた陶冶を企図できなければ、教'師'にはなれないのです。ここで言う人間性とは、いわゆる「善い人」になるという単純解釈ではなく、人間の本性を主体性や創造性、批判性といった視座から捉えるものです。例えば、あえて全ての「問い」に答えないこと、欠陥論や極論を見せて相手の向上を期すこと、「問い」を言い換えて気付きに導くことはソクラテス以来の産婆術の常套手段ですが、こうした弁証法による姿勢を生成AIに期待できるでしょうか。また、「問い」を連鎖させる動力たる「知的好奇心」を喚起することは可能でしょうか。ウィリアム・ウォードの名言に倣えば、生成AIは説明し例示するよい教'員'になれますが、その意思や欲求を喚起し「心に火をつける」最上の教'師'にはなり得ないでしょう。もちろん、生成AIのインターフェイスに疑似人格をもたせたキャラクターを移植すれば、バーチャルで擬人化したアイコンに一定の心情が寄り添う共感が生まれ、人格形成に寄与するかもしれません。しかし、幸か不幸か、現行の生成AIはこうした措置を取ってはいません。相互尊重の精神と教育愛に満ちた教'師'との人格的な触れ合いによる影響という徳育の基本を見失うのは悪手であり、「仏作って魂入れず」を地で行くことになるでしょう。

　教育に携わる我々は、生成AIを助手や秘書、あるいはコンサルタントに見立てて自制的に関わり合いつつ、児童生徒の成長を任せきりにしないよう深い思慮の基に学びを長期的にデザインせねばなりません。

〈小原　豊〉

2　生成AIの現在と2026年問題

　ここでは、AIの定義と歴史的な展開を整理し、生成AIの現在について概観します。

　AI（Artificial Intelligence：人工知能）は、研究者によって定義や見解が異なりますが、人工知能学会（n.d.）によると「人間と同じ知的作業をする機械を工学的に実現する技術」と考えられています。ここでの「知的作業」とは推論や意思決定などの知能が働く作業を指し、「工学的に実現する」とは、科学だけではなく実生活にも役立つものをつくり出すことを意味しています。つまり、AIは人間と同じ知的作業を代替する技術や方法とも考えることができます。

　AIはその歴史的に大きく三つの世代に分けることができます。第1世代AI（1950年代後半から1960年代）は、迷路の解き方や定理の証明のような単純な問題を解くことはできましたが、様々な要因が絡み合う現実社会の問題には対応できませんでした。第2世代AI（1980年代）は、専門分野の知識を取り入れた推論によって複雑な問題を解くことができるようになりましたが、必要な情報を大量に用意することができず、特定の領域外では応用が難しいものでした。第3世代AI（2000年代から現在）は、「ビッグデータ」と呼ばれる様々な大量のデータからAI自身が知識を獲得し、多種多様な領域の問題に対応できるものです。そして、この第3世代AIの最先端を担うのが生成AIなのです。

　生成AIは、与えられた入力の続きを「基盤モデル」に基づいて統計的に予測し、応答を生成するAIです。この基盤モデルは、ビッグデータからAI自身が知識を獲得し、様々な問題に適応できるモデルのことです。現在の生成AIは、言語だけではなく画像、映像、音声、動作など多様なデータに応答することができるため、広範な問題により創造的に対応できます。今日、人間の手に負えない社会的課題が山積していますが、公正で民主的な社会の実現に向けて、高精度な基盤モデルをもつ生成AIは、これらの課題解決に大きく寄与する手段になり得るものです。

　生成AIは、とりわけ2022年からブームを迎えました。Stable Diffusion

やDALL-E2などの画像生成AIがリリースされ、話題を集めました。そして、同年11月末にはOpenAIのChatGPTが登場し、わずか2か月ほどでアクティブユーザーが1億人を超えました。その後も、BingやCode Llama 70Bなど、数多くの生成AIが開発され続けています。

その中で、業務での生成AI導入も急速に進んでいます。野村総合研究所（2023）が行った調査によると、日本企業の業務全体での生成AI導入率は、2023年5月に9.7％、同年10月に12.1％に達しました。特に、IT・通信業界では、システム開発のドキュメントやコードの作成に、金融・保険業界では、カスタマーサービスの合理化・効率化に生成AIが多く活用されています。更に、本書の第2、3章で例示しているように、教育においても、校務や授業準備、学習に生成AIの導入が進みつつあります。卸売・小売などの一部業界では、導入が遅れていますが、生成AIの具体的な活用方法が流布されるにつれ、その導入は更に進むと考えられます。

それでは、なぜ生成AIが急速に流行し、業務に導入されているのでしょうか。その技術的な要因として、次の5点が挙げられます（科学技術振興機構研究開発戦略センター，2023；野村総合研究所，2023）。

① 予測精度の向上

AI技術とコンピュータ能力の進化により、ビッグデータを入手・処理できるようになり、予測（出力）精度が飛躍的に向上しました。

② 予測速度の向上

基盤モデルやアプリケーションの改善によって、予測（出力）速度が向上しました。

③ 多様なコンテンツの登場

ビッグデータを入手・処理できるようになったことで、テキスト、数値、プログラミングコード、音声、映像など、多様なコンテンツを扱えるようになりました。

④ 対話型ユーザーインターフェイスの採用

ChatGPTのような直感的な対話（チャット）形式のインターフェイスが採用されました。

⑤ AIアラインメントの実装

AIが人間の意図や価値観、倫理原則に適合（AIアラインメント）できるようになりました。

とりわけ、上記①の「予測精度の向上」には、目を見張るものがあります。現行のChatGPT（GPT-4o）は、米国の医師資格試験やMBAの最終試験に合格する水準であり、日本の大学入学共通テストの一部科目で80%から90%の正答率に達すると報告されています。また、画像生成AIのMidjourneyで生成された画像がアメリカの美術品評会で優勝したこともあります。

一方、生成AIの発展と普及による社会的リスクも懸念されています。例えば、「生成AIによって作成した小説や絵画が既存の作品と類似しており、著作権を侵害する」や「ウイルスメールなど有害コンテンツを生成する」「生成AIにより、事務職やクリエイターの仕事が失われる」といった懸念が生じてきました。更に、生成AIによって作成されたフェイク画像・動画・音声が悪用されるディープフェイクも社会的な問題として顕在化してきました。このような問題に対して、各国では生成AIに関する政策検討が進められ、先進国7か国首脳会議G7などでも国際的なルールの検討・策定が始まっていますが、まだその端緒を開いたばかりです。

更に、科学技術振興機構研究開発戦略センターによれば、第3世代AIには以下3点の技術的に大きな問題が残されています。

① 基盤モデルにはビッグデータが必要

高精度な予測を行う生成AIには、ビッグデータが不可欠です。ビッグデータを入手できなければ、無意味な誤った内容が、まるで真実であるかのように生成されてしまいます。こうした問題に関連して、大規模言語モデルのトレーニングに必要なデータが使い尽くされ、2026年には書籍や報道記事、研究論文などの良質なデータが枯渇する「2026年問題」が危惧されています。現在、この2026年問題の解決に向けて、新たなAI技術やデータの合成、データ収集法が模索されていますが、その道も半ばの現状です。

② ビッグデータから学習していない状況への臨機応変な対応が不可能

　生成AIは、学習したビッグデータと傾向が変わらない状況で予測します。そのため、生成AIは、傾向が異なる、あるいは未知の状況において、妥当な予測をできる保証はなく、予測精度の低い、無意味な誤った内容がまるで真実であるかのように生成されることがあります。この問題に対処するために、教育や法律などの特定分野に固有の基盤モデルを開発・応用することが現在進められています。

③ 意味理解・説明など高次処理が不可能

　生成AIは、言葉を対象とした意味理解・説明などの論理的かつ推論的な高次処理を十分に行うことができません。例えば、ChatGPTなどでは、言葉の意味を理解した上で答えが出力されているように思えますが、あくまで基盤モデルに基づいて統計的に予測しているのに過ぎないのです。

　ここまで、生成AIの現状と課題を概観してきました。生成AIを適切に利活用することで、我々は広範な問題を創造的に解決し、公正で民主的な社会を実現できるかもしれません。しかし、生成AIは、あくまで人間が発明した道具に過ぎず、適切に利活用できなければ、社会的なリスクや問題を生みかねません。そのため、生成AIを利活用する前に、我々はその特性を知り、利活用方法を習得しなければなりません。こうした基礎修練なくして生成AIを知的活動に用いる怖さは、「建物の構造設計や工程管理を知らずに家を建てる恐ろしさ」や「操作方法や交通法規を知らずに、自動車を運転する恐ろしさ」にたとえられるのではないでしょうか。

〈清水　優菜〉

3　職業喪失予測と学校教育

　職業喪失予測は、Frey & Osborne（2013）による'The Future of work'に端を発しています。彼らは、今後10年から20年の間に、アメリカの労働人口の47%が機械に代替されるリスクは70%であるという推計結果を発表しました。我が国ではこの予想が大きく取り上げられ続け、2015年頃には10年後に喪失する職業が頻繁に話題に上がりました。その段階では教師という職業はなくならないだろうと言われていました。しかし、2022年に生成AIが登場すると、2023年にはその影響を受ける職業として、国語、外国語、社会科などの教師が上位に位置付けられる論文も散見されるようになりました。それにしても、そもそもどのようにして職業喪失予測は行われているのでしょう。本稿では、まずこの点について経済学的視点から整理します。その上で、生成AIを迎え入れる学校教育の在り方について論じます。

(1)　職業喪失予測の研究

　Frey & Osborne（2013）の論文以降、数年にわたり、世界中で活発に雇用問題や職業喪失予測の研究が進みました。その過程の中で、彼らの研究は、時代の変容に伴う雇用の増加分を勘案せずに、雇用の減少分だけに着目した試算であることや、一部分でも機械に代替される可能性があれば、職業喪失すると判断していることが分かりました。このことから、彼らの研究仮説をより現実的にしようとする試みが2013年以降に集中して行われました。例えばAutor（2015）の研究目的は、過去2世紀にわたって新しい技術の出現によって多くの職業が奪われると言われ続けていたのに、今でも多くの職業が存在しているのはなぜか、です。彼は様々な職業の仕事内容のスキルの程度に着目し、年代を区切って職業のスキルの変化を捉えました。その結果、中スキルの職業労働者が機械に代替されて継続的に減少し続けていて、その主たる職業の業務はルーティン業務であること、低スキルの職業労働者が急増して賃金は減少していること、高スキルの職業労働者は継続的に増加しているものの鈍化して賃金は上昇すること、等を見いだしました。ルーティン業務とは、コンピュータで代替可能な頭脳

を使って行う業務（Routine Cognitive）と、ロボットで代替可能な手足を使って行う業務（Routine Manual）を指しています。岩本（2020）によれば、2018年に内閣府国内企業8000社（回答数2358社）に実施した「働き方・教育訓練に関する企業の意識調査」に言及して、AI等の導入が進む部署は研究開発や製造業であり、研究開発者やデータエンジニア、データサイエンティストの確保が急務であることや、職業喪失の影響が出るのはRobotic Process Automationの導入が進む事務部門だと指摘しています。我が国の多くの企業がAutor（2015）の研究予測と同様の感触を示しRoutine CognitiveがAIに取って代わられると考えているのです。

ドイツ連邦政府（2016）は「White Paper, Work 4.0」（原典を2017年4月にBMASが英訳したもの）でアメリカの職業喪失が9％、ドイツが12％であることを公表しています。調査委託されたZEW研究所（Zentrum fur Europaishe Wirtchaftsforschung GmbH）は、職業を職（job）、仕事（work）、作業（task）の視点で捉え、作業ごとに機械への代替

表1-1　教師の作業例

① 出欠確認
② 学習者の様子の把握
③ 教材研究のための学び
④ 教材開発
⑤ WSの作成・印刷
⑥ 授業計画の立案
⑦ 授業実施
⑧ WSの回収
⑨ WSのチェック・評価
⑩ 次時へのfeedbackの検討

可能性を試算しました。例えば、教師という職が行う仕事を作業に分解して捉えたのです（表1-1）。

OECDも同様の手法で世界各国を対象に職業喪失を試算し、日本の職業喪失は7％としています。ドイツ連邦政府やOECDの研究結果を一つの指針として捉えると、人工知能が導入されることで、機械と人間の作業や役割分担が顕著になることが想定されます。岩本（2020）は「こうした分化がますます進化すると、人間がどうしてもやらなければならない作業だけが残る。おそらく、それはとても細かく繊細で定式化できない、そして創造的な作業であろう」（p.43）と述べ、更に、人は一層高いスキルを身に付けないと仕事がなくなるため、生涯にわたってスキルを磨き続けることが必要だと続けています。筆者は、この視点で教師という職、仕事、作業を捉えて、将来の学校教育を考えてみることが重要だと考えました。

⑵ 生成AIの出現による社会の動向

　生成AI活用に向けた対応は、世界各国で異なっています。例えば欧米や中国では、慎重に取り扱おうとする様子がうかがえます。一方で、我が国はリスクも受け止めつつも、有効に活用することを模索しようとしています。関連研究の成果を読み解いてくると、我が国の企業や行政が、世界の先進各国に比べて人材育成（OJT及びOFF-JT）に多くの予算を投下しないままで来てしまい、高等教育機関でも研究開発者やデータサイエンティストの育成がようやく始まる段階であることと関係があるのかもしれません。世界に先駆けて生成AIを利活用することで、これまでの遅れを挽回しようとしているのではないかと推測できそうです。それにしても、生成AIの活用となれば、その人材育成はOJT（On the Job Training）では十分対応できるはずもなく、OFF-JT（OFF the Job Training）が必須でしょう。文部科学省（2023a）は、生成AIを活用した授業や学校教育を模索するパイロット校を設置しました。本書でも紹介するように、早速いくつかのパイロット校で大きな成果も上がってきていますが、生成AIを積極的に活用することを旗印にする我が国こそ、これらの成果が積み上げられるようなシステム構築を急がねばならないでしょう。

⑶ 教員の職業喪失予測と学校教育

　表1-1では、教員という職業の作業（task）を10例示しました。ここではこれらの作業ごとに教員の職業喪失の可能性や近未来の学校教育や教員の業務の可能性について検討してみます。

　表1-1の①出欠確認や②学習者の様子の把握は、個人情報の守秘義務の問題等が解決すれば、機械化はすぐに実現しそうです。また、すでに学校現場で活用されている学習支援ソフトでも実現している⑧WS（ワークシート）の回収にとどまらず、限定的でも評価案が提案される可能性があるでしょう。また②で得られる学習者の情報は、個に応じた④教材開発のヒントも提供する可能性があるでしょう。このことから、⑤WSの作成・印刷や⑥授業計画の立案についても、教師に提案してくれるような、AIを搭載したコンピュータによる機械化が起こる可能性があるかもしれません。生成AIの出現によって、教員という職の作業のうち、Routine

CognitiveやRoutine Manualの機械化は、他業種と違わず起こりそうです。生成AIが出現してから間もなく出された論文などによれば、国語、外国語、社会科などの教師は大きな影響を受けるのではないかという指摘があります。この指摘について、職業の作業に着目して考えてみると、これらの授業で指導する内容のうち、形式的な知識・技能が、他教科の指導内容よりもRoutine CognitiveやRoutine Manualが多いことが要因だと考えることができそうです。

　ところで、少なくとも③教材研究のための親学問などの学びや④教材開発、⑤WSの作成、⑥授業計画の立案、⑦授業実施、⑩次時へのfeedbackの検討などは、おそらく「とても細かく、繊細で、定式化できない、そして創造的な作業」でしょう。平成29〜31年に告示した学習指導要領は、教科・科目の目標を「⑴知識及び技能、⑵思考力、判断力、表現力等、⑶学びに向かう力、人間性等」の三つの柱に基づいて整理しています。このうち、形式的な知識や技能の学習指導は機械に代替されるとしても、考えを巡らせて、多様な情報から必要な情報を取り出して考えをまとめるような学習の場合、その学習指導の主体は教師にしかできないでしょう。今のところ生成AIは、理解して判断する力量までは持ち合わせていないからです。教師は読解力を磨いて親学問を学び、学習者は何ができるようになることが必要か考え、どのように授業を展開したら学習者が自ら課題解決し、協働して議論を深められるようになるのか、考え続けなければいけません。授業の構成や教材の展開のための支援として生成AIを使うとしても、意思決定は教師にしかできないのです。学び続ける教師でなければ、学習者が自ら思考して判断し、ときには協働して課題解決し、新たな課題を見いだせるような力量を獲得することは不可能でしょう。学校教育に課せられた課題は、これまで以上に大きくなると言えそうです。

〈金児　正史〉

4　生成AIと学習評価

(1) AIの教育利用と評価のプロセス

　教育に利活用されるAIは生成AIに限りませんので、ここでは生成AIを含むAIと学習評価について考えていきます。「AIによる学習評価」と聞いて、どのようなことをイメージするでしょうか。まずは、AIが教師による評価行為を補助、あるいは補完または代替することなどが思い浮かびます。また、生成AIが学習活動に取り入れられた場合、それをどう評価するのかを考えていく必要があります。それらはAIの教育利用における前提や位置付けが異なりますが、評価が成績と結び付けられている点が共通します。

　しかしながら、評価という営みは教師が子どもの成績を付けることだけにとどまりません。教育とは意図的な行為ですから、それがうまくいっているのかどうかを評価することがその役割になります。そのため、評価とは子どもの学びの姿を捉えることで、それを基に教師が指導を、あるいは子どもが学習を改善していくためのプロセスだと言えます（西岡ら，2022）。

(2) AIによる学習評価

　AIの活用により、これまで収集・処理が難しかったデータについても、評価のためのエビデンスとして提供することが可能になっています。例えば、AIによる学習評価の一つに、自由記述などをAIが自動的に採点・評価するシステムがあります。OECD（経済協力開発機構）による生徒の学習到達度調査（PISA）では、PISA2029において読解力や数学、科学における自由記述欄の回答をAIが自動採点するよう準備が進んでいます。また、生成AIについては、ライティングの評価やライティング評価用のルーブリックの生成など、言語学習における有用性が知られています（Pack & Maloney, 2023）。これらは、AIが教師による評価行為の補助や補完をしていると言えます。

　語学教育については、我が国でも英語の「書くこと」や「話すこと」の技能の評価にAIを用いた技術が開発されています（松岡ら，2020；澤山・松岡，2023）。例えば、「書くこと」では和文英訳問題を自動的に採点する

のですが、模範解答と表現方法が違っていてもAIが意味的な正しさの観点で採点します。また、「話すこと」ではユーザーが発話した解答について、正答が複数存在するような問いであってもAIが質問の意味的な対応を判断して採点、添削します。これらは、AIが評価行為の補助や代替をしていると言えます。

また、生徒の解答から、AIがビッグデータを背景に関連する単元の理解度を診断し、その生徒の理解度に応じた教材を学習順序も含めて最適化するサービスも開発されています（スマートIoT推進フォーラム，2021）。また、集中状態、忘却度などのデータを収集・分析し、個に最適なカリキュラムを作成します。これは、AIが評価行為の補完や代替をしていると言えます。

(3) 生成AIによるフィードバック

授業は次の三つの要素から設計されますが、これらが三位一体となりその「整合性」が重要な指標となります（稲垣・鈴木，2015）。

・学習者のどのような学習を支援していくのかという視点から目標を明確にすること（目標）
・目標達成を評価する方法を明らかにすること（評価）
・学習者が授業のゴールに到達する方法を考えること（方法）

そして、それぞれについて、整合性という観点から見比べながら吟味していくことで、目標と実践が乖離することなく、目標の達成度合いを見ながら、次の実践を設計できるようになります。それが「目標と指導と評価の一体化」です。その際、AIから得られた学習データは子どもから教師へのフィードバックにもなり得ます。それは、教師が実践を振り返り、指導方法を改善していくためのエビデンスとも言えます。

また、フィードバックの学習への効果は高く、学力への影響要因においても上位に位置しています（ハッティ，2017）。フィードバックは形成的アセスメントの構成要素の一つですが、子どもの学習の改善が促されるために、フィードバックには学習者にとっての利用しやすさ（accessibility）という質が求められます（Sadler, 1998）。そのため、効果的なフィードバックは、次の三つの要素から構成されます（ハッティ・クラーク，2023）。

・どこに向かっているのか

・どのように向かっているのか

・次にどこに向かえばいいのか、どのようにすれば改善できるのか

　生成AIによるフィードバックについては、大規模言語モデル（Large language Models: LLM）が登場してきたことで、自動ライティング評価（Automated Writing Evaluation: AWE）システムは新たな段階を迎えています。例えば、生成AIが学習者のライティングに対してミスを指摘するだけでなく、インフォーマルな表現をアカデミックな表現に修正したりするなど、添削フィードバックを生成したり、エッセイについてもその誤りを修正するだけでなく、その構成についても修正提案をするようになっています。また、フィードバックについて人間のチューターと生成AIを比較した研究では、フィードバックの明確さと具体性から生成AIを支持する者もおり、どちらを好むのかは、ほぼ互角の結果でした（Escalanteら，2023）。

⑷　生成AIを取り入れた学習活動の評価

　生成AIパイロット校のあるクラスで、授業中に生徒が自己アピール文を作成する内容を扱ったとき、多くの生徒が何を書いてよいのか分からずとまどっている様子が見られました。そこで、授業者が生成AIで文例をつくり提示することで、かなりの生徒がそれをヒントに文を書き始めることができました。この事例について、先生方と検討する中で、何らかの理由により独力で文章を組み立てることが難しい生徒がいたとき、生成AIの助力により何らかの文章を完成できたら、その生徒を評価すべきだという意見がありました。また、生成AIの利用を前提としたとき、その評価の在り方も変わるべきだという意見もありました。

　一方で、生成AIを用いずに文章を書いた生徒もいる中で、評価の公平性が保てないと考える方もいることでしょう。ただし、それは先述のように評価（assessment）と成績評価（grading）とを混同しているだけなのかもしれません。先の授業設計の3要素で示したとおり、目標が変われば評価も変わります。それでは、生成AIの使用を前提とした学習活動において、子どもの姿をどのように捉えていけばよいのでしょうか。

　そうした子どもの活動の様子を捉え、評価していく手段の一つにルーブリックによる評価があります。ルーブリックは表1-2のように配置される、

「評価尺度(達成レベルや成績評価点)」「評価観点(求められる具体的なスキルや知識)」「評価規準(具体的なフィードバックの内容)」の基本的要素からなります。また、表1-2では、三つの評価尺度と二つの評価観点が例示されていますが、評価観点や評価尺度は必要に応じて増やすことができます。ただ、あまり多くてもルーブリックが効果的に機能しないため、評価尺度は「S(期待した以上)」「A(十分満足できる)」「B(概ね満足できる)」「C(目標に達していない)」の四つくらいが使いやすいかもしれません。

表1-2　基本的なルーブリックの表

	評価尺度1	評価尺度2	評価尺度3
評価観点1	評価規準1-1	評価規準1-2	評価規準1-3
評価観点2	評価規準2-1	評価規準2-2	評価規準2-3

　ルーブリックを作成する際、まず学習活動を通して捉えたい生徒の姿について目標に照らして評価観点を定め、その評価観点について「概ね満足できる」評価規準を定めます。そして、その規準を基にして下位規準を定め、次に上位規準を定めていくと作成しやすくなります。第3章第1節の各ルーブリックも、Bを「概ね満足できる」として、残りのS・A・Cを同様に作成しています。第3章では評価観点の例示が一つのものもありますが、捉えたい生徒の姿に即して複数設定してもよいでしょう。

　最後に、生成AIパイロット校の生徒に見られたプロンプトづくりのポイントを紹介します。まず、プロンプト入力の際に生徒が問いの前提をつくれるかが重要で、それは変数を決めて変域を決めていくプロセスになります。その評価規準は、Sが「変域を決められる」、Aが「変数を決められる」、Bが「変数が見いだせる」、Cが「変数が見いだせない」となります。

(5) 生成AIによる学習評価の可能性

　生成AIの技術革新は目覚ましく、今は生成AIが苦手とする数学についても、数学に特化した生成AIの開発が進むことでフィードバックの在り方が一変することも考えられます。校務においても、行政文書を学習した生成AIが実用化されるなど、学習評価の可能性は拡がっていくでしょう。

　また、OpenAIが2023年11月に発表した「MyGPTs」のように、カスタマイズしたGPTを手軽に作成できるようになりました。そのため、学

習指導要領や教科書会社が作成した年間指導計画・評価計画などをGPTに学習させ、最適化されたフィードバックを生成させることができます。例えば、小学校第4学年の理科における「電流のはたらき」で、子どもが「乾電池を単3電池から単1電池に変えたら、車がはやくなった」と考察したとします。その記述に対し、評価規準を学習したGPTは図1-2のように評価とその理由、アドバイスを即時にフィードバックすることができます。

> 評価「B」
>
> 理由
> - 乾電池の種類について言及されており、車の速度の変化についても説明がありますが、つなぎ方についての説明が欠けています。
>
> アドバイス
> - 乾電池のつなぎ方についても書こう。

図1-2 カスタマイズされたGPTによるフィードバックの例

このように、カスタマイズされたGPTは、精度の高い評価規準などの学習により、より適切なフィードバックを生成できるようになることでしょう。それにより、生成AIは教師に近付いていくのかもしれません。

〈北島 茂樹、中林 一紀〉

5 生成AIと授業づくり

(1) 授業における生成AI利用の位置付け

　生成AIを含むAIは道具であり、授業においては子どもの学習を助けるために用いられ、それはインストラクションの目的と重なります。インストラクションとは学習を支援することを目的とする活動を構成する事象の集合体のことです（ガニェら，2007）。そのため、生成AIを取り入れた授業づくりでは子どもの学習におけるAIの位置付けを考える必要があります。

　生成AIが教育に与える影響はかつてないほど大きく、生成AIによって、教育利用の可能性が予想以上に拡がっているものの、従来のコンピュータ利用の位置付けと異なるわけではありません。学習におけるコンピュータの使い方には、「コンピュータからの学習」「コンピュータについての学習」「コンピュータとの学習」の三つが挙げられます（Jonassen, 2000）。この「コンピュータ」の部分をAIに置き換えてみましょう。AIの学習における位置付けが明確になります。

① AIからの学習（learning from Artificial Intelligence）
② AIについての学習（learning about Artificial Intelligence）
③ AIとの学習（learning with Artificial Intelligence）

　ここで、AIリテラシーのうち、機械学習やニューラルネットワークなどの技術の理解や、AI開発に用いられるプログラミング言語の習得についての学習は②に含まれるでしょう。しかし、道具を意味ある活動に使おうとするならば、その道具で何ができるのかを考える必要があります。そのため、次は①と③についての授業づくりを考えていくことにします。

(2) AIからの学習と授業づくり

　コンピュータを教育へ活用するアイデアは、スキナーのティーチングマシンなどに見ることができます。それは、コンピュータ支援教育（Computer-Aided Instruction: CAI）システムの時代を経て、AI技術を取り入れた知的学習支援システム（Intelligent Tutoring System: ITS）へと発展していきます。また、CAIに初めてAIを活用するアイデアは、1970年代の対話型学習支援システムに見ることができます（ホルムスら，2020）。対話

型学習支援システムは、GPT（Generative Pretrained Transformer）をインターフェースに今後は飛躍的に発展することが考えられますが、教師の「教える」という行為をいかに代替させるのかが授業づくりの鍵となります。

(3) AIとの学習と授業づくり

1990年代以降、学びのプロセスにおけるパートナーとしてコンピュータが利用されるようになってきました。それが「コンピュータとの学習」で、子ども自身が積極的に知識を構成する環境をテクノロジが実現するために用いられるようになったのです。Jonassenら（1999）の「コンピュータとの学習」におけるコンピュータの位置付けを参考にするならば、子どもがAIと共に学ぶ中で、AIが知識の構築や探究、問題解決、対話による学習をサポートし、知的パートナーになることなどが考えられます。

ある生成AIパイロット校では、生成AIを生徒の学びのパートナーとして活用する実践を行っていました。また、別のパイロット校では、セキュリティや著作権の問題をクリアした上で複数の生成AIを組み合わせ、それらを必然的に使用することで問題解決を行う授業をデザインしていました。その一つに生徒たちがグループでWebサイトを制作する情報デザインの授業がありました。そのために生徒は各種コンテンツを作成する必要があります。コンテンツ作成に当たり、ライター担当の生徒はテキスト生成AIでアイデアを出し合い、内容の妥当性を判断したり他者と相談したりしながら内容を精査していました。また、デザイナー担当の生徒は画像生成AIの出力を基にグラフィックソフトで加工し、画像のコンテンツを作成していました。このように、子どもが生成AIと学ぶ授業づくりでは、授業目標の明確化とともに、授業におけるAI使用の必然的な位置付けがポイントになります。

目標のない授業はありません。そのため、授業を行った結果として学んでほしいことなど、意図された学習成果を達成すべく生成AIは用いられるべきです。その際、どこに、どのような役割で、何のために、どう活用するのか、その目的と位置付けを意識したデザインが求められます。

〈北島　茂樹〉

6　生成AIと創造性

　生成AIの登場によって、デジタル世界における創造的活動がこれまで以上に容易になりました。絵を描くことが苦手な人でも、自分がつくりたい画像のイメージをいくつか言葉にするだけで画像生成AIを使って様々な画像がつくれます。英語が得意ではない人でもChatGPTを使って英語で書かれた論文をすらすらと読めるようになっています。本項では生成AIが人間の創造性に与える影響と可能性について考察します。

(1)　生成AIがもたらす変化

　生成AIと創造性（creativity）の関係性について考える前に、創造性とはいったい何かを改めて確認しておきます。その定義は分野によって必ずしも一致しませんが、本項では「特定の状況や問題に対する斬新で有用なアイデア、洞察、解決策の生成」（Amabile et al., 2005）と定義します。その上で、私たちはこれまでいかに創造性を発揮していたかを考えてみましょう。これまでは、新しいものをつくりたいというアイデアを思い付いても、それを形にするためのスキルを習得する時間が必要でした。そして、その習得へのトレーニングを最後までやり切ることのできる人は少数であり、結果としてクリエイターと呼ばれる人の希少価値は高くなっていました。何もない状態からトレーニングを始める第一の壁、トレーニングを完遂しアイデアを形にする第二の壁があったのです。

　しかし、生成AIの登場によってこの状況は一変しました。アイデアがある人たちは、それを生成AIに対して自然言語（私たちが日常的に使っている言葉）の形で伝えるだけで、何らかのアウトプットができ上がってしまいます。もちろん、よいものにするためには生成AIと繰り返し対話をしていく必要があります。とはいえ、これまでのスキルトレーニングにかかっていた様々なコストと比較すれば、圧倒的に小さくなっていると言えるでしょう。現在では特にプログラミングの分野で生成AIと一緒に創作活動を行うことが増えています。Microsoftが公開しているGitHub Copilotというサービスを使えば、プログラマーがつくりたい機能を指定するだけで、勝手にプログラムを書いてくれます。もちろん、完璧に正しいプログ

ラムが書かれるわけではないのでそこには注意が必要ですが、コーディング効率が飛躍的に上がったと言われてます。

　テクノロジの発展に伴って、新たな創造の障壁が下がるのは生成AIが初めてではありません。例えば、少し前まで写真を撮ることは一部のプロにしかできませんでした。機材が高価であったり、使い方が難しかったりと、素人が簡単に使いこなせるものではありませんでした。しかし、デジタルカメラやスマートフォンの登場によって、誰もが簡単に写真を撮ったり写ったりできるようになりました。結果として、写真に撮る・写るという行為の価値は段々と下がっていったと言えます。

　これと同じことが生成AIの登場によって様々な分野で起こっていくと考えられます。これまでは一部の才能のある人しかできなかった「絵を描く」「音楽をつくる」「プログラムを書く」「映像を撮る」といったことが、誰にでもできるようになっていくのです。その結果、作品の他者評価は低くなることが考えられます。形にすることだけであれば誰でもできるため、クオリティやアイデアのほうが問われることになるでしょう。

　ここで考えなければならないのは、プロのクリエイターによる作品の価値も同時に下がっていくのか、という問題です。筆者の考えはNOです。例えば、誰でも簡単に写真が撮れるようになった現在でも、結婚式など一生残る大切な写真をスマートフォンのカメラだけで済ませようと考える人は少ないのではないでしょうか。その道を極めた人にしかできない表現やセンスがあります。しかし、より高いレベルで価値を発揮できなければ生き残れなくなっていくのも事実でしょう。

(2)　創ることの歓び

　作品の価値が相対的に下がっていく生成AI登場以後の社会において、失われていくのは他者評価を軸とした創造性の発揮ではないでしょうか。現在では、アテンション・エコノミーも相まって、多くの人が他者評価を軸とした活動を行っています。しかし、生成AIによって誰でも簡単にアウトプットができるようになってしまうと、作品の価値は下がります。最後に残るのは、どうしてもつくりたいという欲求です。ものづくりを経験したことがある人であれば、作品制作過程で「ああでもない、こうでもな

い」という試行錯誤や創意工夫の時間を味わったことがあると思います。そのプロセスの中で、私たちは「創ることの歓び（Joy of Creating）」を感じているのです。これは、他者評価に還元されることのない自己の評価、つまりアート的な行為と言えるでしょう。

歓びとは、消費的な行為で得られるhappyやfunとは異なった深い感情を指しています。ものづくりをしていると、作品ができ上がるまでに様々な困難や課題に直面します。それらを一つ一つ超えていった先にたどり着く「ああ、やっとできた！」という感情が「創ることの歓び」です。その瞬間の何物にも代えがたい感覚は、創造的な活動でしか味わえません。

アメリカの計算機科学者で、構築主義という学習理論を提唱したシーモア・パパートは、'Hard Fun!' という言葉を残しています。子どもたちは創造的な活動に熱心に取り組んでいるときに感じる困難を楽しいと言うのです。この楽しさこそ「創ることの歓び」なのです。筆者も同じような場面を何度も見てきました。ある小学校で、5年生の子どもがプログラミングをしながら作品をつくっていました。彼は教師の指示を聞かずに自分でつくっていましたが、次第に分からなくなってしまい、最終的には「ああ……もう分からない……」と文字どおり頭を抱えてしまいました。しかし、彼は次の瞬間には「えーっと……」と言いながら作品制作に戻っていきました。彼は「つくりたい」という思いによって、分からなさやできなさを超えていったのです。これこそ、「創ることの歓び」の本質です。分からない、けれど面白いということです。

生成AIがやってくれることを、なぜ改めて人間が手作業でやらなければならないのかをロジカルに説明することは困難です。自分が面白いと思うこと、楽しいと思うこと、歓びを感じること以外のことは全てAIにやってもらうことができます。私たちは「歓び」に集中すべきなのです。そうなると、なぜ私たち人間は学ばなければならないのでしょうか。また、学校教育の役割はどうなっていくのでしょうか。

(3)「消費」と「創造」の問題

この問題について考える手がかりとなるのが、消費と創造をめぐる議論です。生成AIが登場する以前から、私たちは①アイデアを形にできるス

キルももっている〈創造層〉、②スキルはないけれどアイデアはある〈中間層〉、③アイデアもスキルもない〈消費層〉、に分かれています。しかし、生成AIが登場したことによって状況は一変します。まず、〈創造層〉にいる人たちは、自らのクリエイティビティをAIによって補完し、より一層面白いものをつくっています。AI「で」つくるだけでなく、AI「と」つくっているのです。また、〈中間層〉に位置していた人々もアイデアをAIによって形にできるようになるため、〈創造層〉に移行します。一方で、〈消費層〉はそのまま消費層にとどまり続けます。更に言えば、これまで人間がつくってきたコンテンツからAIが生成したコンテンツを消費することになり、それをAIが更なる消費を推奨することになるでしょう。AIが生成するコンテンツの質にはまだまだ課題があります。質の悪いコンテンツを無思考的にひたすら眺めるだけでは、〈消費層〉と〈創造層〉の間でますます差が開いてしまいます。

　こうした状況を見据えた上で、これからの学校教育に求められることは二つあります。一つは、文化的に継承されてきた質の高いコンテンツに触れる機会を提供することです。かつて学校は、文化的価値を伝える機関としての機能を果たしていました。改めてその機能を取り戻す必要があると言えるでしょう。二つめは、表現することを通して創造的態度を涵養することにあります。生成AIと共に自らの表現をすることで、何かを創ることに興味・関心がもてるようになることが重要です。自らが創ることの歓びを感じられるように活動をデザインすることが求められるでしょう。

〈宮島　衣瑛〉

第2節　生成AIが引き起こす課題

1　生成AIとシティズンシップ

　シティズンシップとは聞き慣れない言葉ですが、日本語では「市民権」です。もちろん、それはただの市民ではなく、国や地域社会の一員として認められ、その構成員としての権利とその責任をもつことを指しています。更に本書でのシティズンシップには、デジタル・シティズンシップも含まれています。デジタル・シティズンシップとは、高度な情報社会の善き担い手という意味です。より具体的には、
　①　ネット上のルールやマナーを守り、他者に配慮できること
　②　違法なコンテンツの共有や著作権侵害を行わないこと
　③　個人情報の適切な管理、サイバー犯罪に注意すること
　④　情報活用の能力をもち、テクノロジを有効活用すること
などがデジタル・シティズンシップに含まれています。
　更に、シティズンシップに欠かせない役割に、社会への関与と貢献があります。具体的には、社会の課題があればその解決案を考えたり、他者と話し合ってルールを決めたりすることです。また、困っている人がいたら助けたり、自分が抱えている課題を他者に解決を相談したりすることが大切です。つまり、個々の課題の解決と協働することがシティズンシップとしての基本行動なのです。一方で、生成AIを利用したフェイクニュースや有害コンテンツ等を信じないことや利用しないことなどが含まれます。
　その生成AIは、未完成な技術ではありますが、過去の情報をよりよくまとめることや、繰り返し扱われる課題について、一般的な解決方法などが機械的に学習されています。したがって、課題を解決する本人が生成AIを利用する場合は、ウソの情報や有害情報を疑うなら、複数の情報源から探し、過去の解決策を知り、自分なりの考えをまとめるために利用することが得策です。生成AIの回答をそのまま信じるのではなく、様々な視点を得られることを利用して、自分の行動を決めることができます。

本稿では、典型的なデジタル・シティズンシップに関わる課題について、生成AIはどのように返答するか、そしてその回答をどう考えるか検討してみます。

(1) 個人情報の流出

課題として「個人情報が流出してしまいました。どうしたらいいですか？」と生成AIに投げかけてみました。ここで利用したのは、ChatGPT (GPT-3.5) と Claude 3 の二つです（図1-3、1-4）。

さて、この回答が自分の課題の正解でしょうか。その答えはNOです。もう一度自分の課題として考えたときに、上記の回答は一般的なことが書かれていますし、網羅的に項目が並べられています。もちろん、必要なことは示されてはいます。しかし、ここで重要なのは、自分の課題について「今後の自分がどう行動するか」と自分で決断しなければならないことです。つまり、課題の解決のための行動の方針が得られないと意味がないのです。

次に、生成AIに投げかける言葉（プロンプト）を考えてみましょう。また、今回のように複数の生成AIを利用して内容を比較することも大切です。例えば、同じ項目は何で、違う項目は何でしょうか。

(2) ネットいじめ

続いての課題は「友達がネットのいじめにあっているようです。どうすれば助けられますか？」としました（図1-5、1-6）。

さて、この生成AIの回答は、本当に友達を救うために有効でしょうか。近くにいる友達や保護者、先生と話し合ってみましょう。例えば「いじめを停止させる」は有効な手段でしょうか。状況によっては、更にいじめがエスカレートする場合もあるのではないでしょうか。生成AIの回答は万能ではなく参考にする程度とし、自分の考えや他者との対話を通じて、自分なりの考えをもつこと、そして行動の方針を得ることがとても大切です。

最後にシティズンシップの基本として「どういう問題があって、どういった条件があり、そのとき自分はどう行動するかを考え、ときには実行すること」が大切です。そのときに生成AIはよい相談相手として、過去の情報から一般的で網羅的に情報をまとめてくれます。

> **ChatGPT**
>
> 個人情報が流出してしまった場合、以下の手順に従うことが重要です:
>
> 1. **被害の範囲を確認する**: まず、どの個人情報が流出したのか、どのような情報が含まれているのかを把握します。社会保障番号、クレジットカード番号、住所、電話番号など、どのような情報が漏洩したのかを特定します。
> 2. **速やかに通知する**: 個人情報の流出を発見したら、速やかに関連する当局や関係者に通報します。法的な義務や規制に従い、顧客や関係者にも通知する必要があります。
> 3. **被害の最小化**: 流出した情報が悪用されないように、適切な対策を講じます。これには、クレジットカードや銀行口座の監視、パスワードの変更、セキュリティソフトウェアの更新などが含まれます。
> 4. **調査と対策の実施**: 流出の原因を特定し、それを再発防止するための対策を講じます。セキュリティの改善やシステムの更新などが必要な場合があります。
> 5. **法的措置の検討**: 個人情報の流出は法的な問題に発展する可能性があります。法律や規制に基づいて、適切な法的措置を検討し、必要な場合は法的な助言を求めます。
> 6. **関係者へのサポートと情報提供**: 個人情報が流出したことを受けて、顧客や関係者に対してサポートを提供し、必要な情報を提供します。流出に関する状況や対策についての透明性を保ちます。
>
> 個人情報の流出は深刻な問題ですが、速やかに対処することで被害を最小限に抑えることができます。

図1-3　GPT-3.5の回答1

> 個人情報が流出してしまった場合、迅速な対応が重要です。以下のような対策をお勧めします。
>
> 1. 状況の確認
>   - 流出した個人情報の内容(氏名、住所、クレジットカード番号など)を特定する
>   - 流出経路を特定する(システム障害、人為的ミス、外部からの不正アクセスなど)
> 2. 被害拡大の防止
>   - パスワード変更や、クレジットカード番号の無効化を行う
>   - 関係機関(警察、クレジット会社など)に連絡し、支援を求める
> 3. 影響範囲の特定と対象者への通知
>   - 個人情報が流出した対象者を確実に特定する
>   - 流出した事実、流出した情報の内容、二次被害防止の注意点などを対象者に通知する
> 4. 原因究明と再発防止策の実施
>   - 流出原因を徹底的に調査し、明確にする
>   - システム改修や従業員教育など、抜本的な再発防止策を講じる
> 5. 補償や損害賠償の検討
>   - 法的責任に基づき、補償や損害賠償の要否を検討する
>
> 個人情報は大切に管理する必要があり、万が一流出した場合は迅速な初期対応が何より重要です。状況を過小評価せず、被害の最小化と再発防止に全力を尽くしましょう。

図1-4　Claude 3の回答1

> **ChatGPT**
> 友人がネットいじめにあっている場合、以下の方法で助けることができます：
>
> 1. **サポートを提供する**: 最初に友人と対話し、彼らの気持ちや状況を理解しようと努めましょう。友人が話をするのを奨励し、彼らをサポートすることで、彼らが孤立感を感じることなく助けを求めることができます。
> 2. **いじめを停止させる**: いじめ行為に直面している友人を助けるために、いじめを行っている人たちに対処する必要があります。直接いじめを行っている人たちに対して、その行動が受け入れられないことを明確に伝え、彼らに行動を改善するよう促しましょう。
> 3. **オンラインプラットフォームに報告する**: もしいじめがオンライン上で行われている場合、そのプラットフォームの管理者やモデレーターに通報しましょう。ほとんどのプラットフォームはいじめ行為に対して厳しい対処を行います。
> 4. **専門家や大人に相談する**: いじめの問題は専門的な支援が必要な場合があります。学校の教師やカウンセラー、保護者などに相談し、適切なサポートを求めましょう。
> 5. **プライバシーとセキュリティを強化する**: 友人がネットいじめの被害者にならないよう、オンラインでのプライバシー設定やセキュリティ対策を強化することが重要です。友人と一緒にプライバシー設定を見直し、安全なオンライン環境を作りましょう。
>
> 友人がネットいじめに遭っている場合、彼らを支え、サポートすることが非常に重要です。共に対処することで、友人がいじめの被害者でないことを示し、彼らの心の健康を保護することができます。

図1-5　GPT-3.5の回答2

> ネットいじめは深刻な問題です。友達を助けるためには、以下のようなことが大切です。
>
> 1. **話を聞く** まずは友達の気持ちを受け止め、しっかりと耳を傾けましょう。いじめの内容を把握し、精神的なダメージがどの程度かを確認します。
> 2. **証拠を残す**
>
> いじめの内容(画像、メッセージなど)できるだけ控えを残しておきます。後の対応で証拠として重要になります。
>
> 3. **周りに協力を求める** 信頼できる大人(保護者、教師など)に連絡し、状況を説明して協力を求めましょう。一人で抱え込まず、支援してくれる人を見つけることが大切です。
> 4. **専門機関に相談する** 地域の児童相談所や法務局、いじめ相談窓口などにも相談できます。専門家のアドバイスを受けられます。
> 5. **SNS事業者に通報** いじめが行われているSNSの事業者に通報し、有害コンテンツの削除や発信者の特定を求めましょう。
> 6. **友達に寄り添う** どんな小さなことでも良いので、友達の精神的な支えになれることをしてあげてください。孤立させないことが大切です。
>
> 一人で解決しようとせず、周りの人々と協力し合いながら、すみやかに対応していくことが重要です。いじめは決して許されるものではありません。

図1-6　Claude 3の回答2

〈山本　光〉

2 生成AIと心の科学

(1) 「心」と科学

　生成AIはまるで私たちの問いかけを理解し、思考し、その結果を私たちに語りかけているかのように振る舞います。翻って、人が情報を理解し、推論したり判断したりする働きは認知機能と呼ばれます。認知機能に加え、感情や意欲などの非認知機能を含めた包括的な情報処理の営みを、私たちは日頃「心」と呼んでいます。

　この目に見えない心の働きは先人たちを魅了し、古くから探究の対象とされてきました。17世紀のフランスの哲学者ルネ・デカルトは、人間は物質である身体と思考や言語など高次の心の働きから成り立つとする心身二元論を唱えました。自然科学に続くかのように、心理現象を実験や観察で説明しようとする学問的潮流も生まれました。ドイツのヴィルヘルム・ヴントが19世紀後半に拓いた実験心理学がその礎だとされています。同時期にアメリカでもウィリアム・ジェームズが『心理学原理』を著し、心の科学的な記述の源流となりました。近年のコンピュータの登場で、心のメカニズムを実証的に解明しようとする学問分野は爆発的に発展し、広く心の科学と呼ばれるようになりました。今日では、関連する分野も心理学をはじめ、神経生理学、知能工学、言語学など多岐にわたります。ここでは、心の科学の中でも人の認知的な営みに焦点を当てて、生成AIとの類似点や付随する問題を概観し、教育への貢献を考えていきます。

(2) 生成AIと心の類似点

　生成AIと人の心の類似点を2点挙げてみます。1点めは、AIの事前学習は帰納的であるという点です。一般に、コンピュータは演繹的な情報処理が得意です。算術演算のように、一般原理を個別課題に当てはめ、正しい手続きを繰り返すことで絶対的な正解を提出します。一方、私たちは日常生活で帰納的な情報処理をしばしば行って、社会に適応していきます。例えば、様々な種類の鳥を見聞きすることで、鳥の定義を教わらなくても「鳥は翼を持つ」というもっともらしい結論を導き出します。帰納的な学習から導かれるこのような結論はあくまでも仮説にすぎず、必ずしも正解

とは限りませんが、無自覚のうちに一般原理のように扱われることが多々あります。生成AIが行う事前学習も、膨大なデータを使った帰納的な情報処理の繰り返しです。したがって、出力が常に正しいとは限りません。生成AIが「自信満々に嘘をつく」ことが話題になりますが、これはAIの母体がコンピュータであるがゆえに、その処理に絶対的正解を求める私たちの期待とのギャップがあるためかもしれません。学校現場でも、AIの学習の原理が人と同じ帰納的な情報処理だと理解することで、その認識や扱い方を深く考える契機になるでしょう。類似点の2点目は、生成AIも私たちと同じように学習過程で忘却するということです。AIは事前学習で膨大なデータの入出力を繰り返し、その過程でネットワークを少しずつ調整します。これは、処理が終われば入力された具体的な情報はモデル内部に残らず忘れ去られ、調整の結果だけが残ることを意味します。私たち人類にとっても、学習時の忘却は重要な意味をもちます。例えばスズメやカラスを観察して鳥の概念を学習する際、細かい模様など個別具体的な詳細は、目に入っていてもただちに忘れ去られます。羽毛の有無や形態といった重要な情報だけを選択的に深く処理し、鳥の概念となる特徴抽出を達成しています。忘却は一見、勉学という意味での学習には不都合であるかのように感じられます。しかしながら、忘却のこのような役割に鑑みると、生成AIも私たちも学習過程で学ぶべき本質は莫大な入力値や個別の事例ではなく「学ぶ行為によってもたらされる自己の調整や発展」であると気付かされます。忘却という機能があるからこそ、数々の事例に共通する情報を取捨選択し、過去に対応したことのない真新しい事例や正解のない問題にも対応できるように成長するのかもしれません。

(3) 生成AIと心の不合理

　人の認知的な営みを真似るように開発されてきた生成AIは、私たちがもつ不合理さ、すなわち情報処理の偏りもまた持ち合わせています。心の科学では、統計上の傾向を伴った情報処理の偏りを広く認知バイアス、または単にバイアスと呼んでいます。2024年2月にGoogleが、自社の生成AIであるGeminiによって描画された歴史上の人物に不正確な内容があったことを認め、人物のイメージ生成機能を一時停止しました。史実上はヨ

ーロッパ系男性であるはずの人物が、アジア系あるいはアフリカ系女性として描かれてしまうという事例が複数報告されたためです。この発表は、生成AIがもつバイアスを顕在化させた事例として話題になりました。AIが出力する人物に多様性を担保し、ステレオタイプを是正する試みが奏功しなかった結果だと考えられています。ステレオタイプとはバイアスの一種で、特定の集団の人々の単純化されたイメージを指します。集団内の多数に共通した特徴を見付けたり、際立つ少数の特徴を優先的に処理したりすることで形成される認知的枠組みのことです。「日本企業の最高経営責任者」と聞くと男性を思い浮かべることが多いと思いますが、これもステレオタイプの一例です。現時点では統計上の事実として多数派は男性であるため、決して間違った情報処理ではありません。しかしながら経験上慣れ親しんだ事柄は、無意識のうちに「経営者は男性が適している」といった価値判断と結び付きやすく、それ以外を排除するネガティブな態度を伴って、偏見として顕在化することがあります。

　ステレオタイプをはじめとするバイアスには様々な種類がありますが、人の情報処理過程で必ず生じる働きであり、人と生成AIの両方に共通する問題です。人が作成した文章や画像などのデータには、時代や国、文化、性別、人種などを反映したバイアスが否応なく含まれます。したがって、それらのデータを生成AIが事前学習で使用する以上、AIはバイアスやそれに対する賛否も含めた学習を行うことになります。このバイアスを修正するため、事前学習を終えてから人の手による調整が施されますが、冒頭に挙げたGeminiの問題はこの調整が不適切または不十分だったために生じた事例だと考えられています。

　しかしながら、バイアスとなり得る情報処理の偏りは生成AIの利用に当たって不都合な点ばかりではありません。情報処理の偏りを上手に活用することで、言語モデルを特定の環境や作業に特化させ、効率的な生成AIへと訓練することができます。生成AIの出力を私たちが自然だと感じるのは、私たちの社会や文化的背景に沿って無意識に培われてきたバイアスが事前学習のデータに含まれるからでもあります。

　生成AIと人に共通するこの特性を教育に活用することを考えましょう。

学校現場で、生成AIが出力したテキストや画像に含まれるバイアスについて意見交換することで、児童生徒がその概念を理解し、社会や個人の意思決定に与える影響に気付くことができます。例えば、生成AIに指示を出す際「役割」や「対象者」を変えると、返される回答が異なることが知られています。「50代会社員の抱える悩みを教えてほしい」とChatGPTに問い合わせると、「一般的な傾向」と断りながらも、「テクノロジと社会の変化への適応に不安があるかもしれない」と返ってきます。他方、「30代会社員」の悩みとしてこの回答は返ってこなかったりします。「テクノロジに苦手意識をもつ中高年」というステレオタイプは誤りではないかもしれませんが、実社会で偏見として強調される可能性を生成AIの回答から観察することができます。生成AIを利活用する過程ではバイアスを意識し、同じ情報処理の偏りを自分自身ももつと認識することで、実社会でそれに対処する手段を考える機会につながります。生成AIのような科学技術と社会の持続可能性や公平性を両立させる態度を育む契機にもなるでしょう。

　生成AIがよくも悪くも私たちの情報処理を模倣し、それゆえ自然な回答を素早く出力してくれることで、私たちは便利で心地よいデジタル・ツールを享受できるようになりました。自然であるがゆえに、自身の直感に沿っているというだけで出力を無自覚に受け入れてしまい、多様な視点が排除されてバイアスが自己強化される危険性も内包しています。この負の側面はエコーチェンバー現象とも呼ばれることがあります。生成AIの仕組みを利用者が理解するとともに、意識的に多様な情報を取り入れ、児童生徒の自己理解を促していく必要があると考えます。

〈甲村　美帆〉

3　生成AIと批判的思考

　生成AIの効果的な利用によって、私たちは大きな恩恵を受けることができそうです。しかし、AIの利用に不安を感じている方も多いでしょう。その典型がハルシネーション問題です。ハルシネーション（hallucination）とは、もともと幻覚、幻影といった意味です。ChatGPTを開発しているOpenAIの「テクニカルレポート」によれば、ハルシネーションとは、「事実と異なる『幻覚』を見たり、推論の誤りが起きたりすること」（OpenAI, 2023）と説明されています。例えば、ChatGPTに「学力とは何ですか？」と質問してみました。すると、学力を構成する要素と、どうしたら学力を高めることができるといった趣旨の回答が生成されました。その一部を抜粋して紹介します。この回答をどのように捉えるべきでしょうか。

　学力とは、一般的に学習によって得られた知識や技能、能力を指します。具体的には以下のような要素が含まれます：
　知識：学問や教科に関する知識の理解度や、その範囲。
　技能：問題解決能力、論理的思考力、計算能力、言語能力など、具体的な技術や能力。
　応用力：学んだ知識や技能を実際の場面でどのように活用できるか。
　態度：学習に対する姿勢や取り組み方、意欲。
　学力は学校教育を通じて評価されることが多く、テストや試験の成績によって測定されることが一般的です。しかし、学力は単にテストの点数だけで測られるものではなく、広い意味での「学ぶ力」を含む概念です。

　ChatGPTの文章では、学力の構成要素を「知識」「技能」「応用力」「態度」に分類しています。もちろん、学力については諸説あります。例えば、現行の学習指導要領におけるいわゆる「資質・能力の三つの柱」という考え方もあるかもしれませんし、その前提となった学校教育法第30条第2項に記述されている「基礎的な知識及び技能」「思考力、判断力、表現力」

「主体的に学習に取り組む態度」、いわゆる「学力の三要素」をイメージされる方もおられるでしょう。また、少し前に言われた「21世紀型スキル」などのような捉え方もあるかもしれません。

　ChatGPTは、統計的に「もっともらしい」文章を生成してくれます。このため、生成された文章自体はとても自然です。しかし、どのような前提で議論しようとしているのかが明確でない状況で、ChatGPTが生成した文章を持ち出してくると、その文脈にマッチしない使われ方になってしまうこともあるでしょう。より適切な文章を生成させるためには、生成AIの使い手である私たちが、何を生成させるかという指示を入力する段階において、文脈を限定するなどの工夫が必要です。そして、生成物に対してそれが適切であるかを、しっかりと吟味できる我々の知識や能力が必要です。つまり、「批判的思考力」が重要になります。更に、子どもたちが学習に生成AIを用いることを想定した場合はどうでしょうか。例えば、富場・御園（2024）で示した例ですが、ChatGPTに、「整数について100字以内で説明をしてください」と指示すると、以下の回答が得られました。

> 　整数は、正の整数、負の整数、およびゼロからなる数の集合です。小数部を持たず、正または負の符号が付いています。整数は自然数に0と負の整数を加えたもので、数学やプログラミングで幅広く使用されます。整数は四則演算において基本的であり、整数の性質や性格は数学や計算において重要な役割を果たしています。

　それらしい文章が生成されている気もします。人間にとっても「整数」をきちんと説明することはかなり難しいですが、少なくとも上の文章では、整数を「正の整数」や「負の整数」というような「整数」を用いて説明すること自体、循環論法になってしまっています。これは、ハルシネーション問題で指摘されていた推論の誤りの一例と言えるでしょう。

　ここまで、ChatGPTの生成事例を基に考えてきましたが、ChatGPTのスクリーン上にも「ChatGPTの回答は必ずしも正しいとは限りません。重要な情報は確認するようにしてください」といった注記がされています。

まさに、利用者の「批判的思考力」が必要だと提供側も示しています。

　もちろん、「批判的思考力」はこれまでも大切であると言われてきた能力です。インターネットで得られる情報を鵜呑みにしてはいけないということはすでに強調されてきたことだと思います。例えば、インターネット上に質問すれば誰かが回答してくれるサイトがあります。実際に、検索してみると、宿題の問題の解き方などを質問し、回答を求めている掲示板なども数多く見受けられます。このようなサイトでの質問に対する回答は、信憑性を欠くものも多々存在します。そういった意味では、情報を鵜呑みにせず、批判的に検討すべきという姿勢は、生成AIの普及前後でそう変わらないのかもしれません。その一方で、生成された文章であれば、比較的、真偽の判断は難しくない面もあるかもしれませんが、AIによって生成した画像や映像など、より多様なメディアでの真偽の判断は、より難易度が上がると思われます。例えば、SNSなどで、有名人が本当に話しているかのように装ったフェイク動画を用いて勧誘を行う投資詐欺広告が横行して、被害が続出していることは記憶に新しいニュースです。本人が話したかのような音声の作成に、生成AIが用いられているという一部報道もありますが（例えば、日本放送協会, 2024）、これだけの被害が生じるということは、真偽の判断が難しいことを象徴しているのでしょう。

　生成AIは誰でも気軽に利用可能となってきています。また、少子高齢化が進む我が国においては、働き手の減少を補うツールとしてこれまで人が担ってきた仕事を代替する上でも注目は続くでしょう。そのような中、適切な真偽の判断ができるような啓発や教育の機会はますます重要になると考えられますし、こういう時代だからこそ、人間同士で互いに相談したり、議論したりできるようにすることもますます重要になるでしょう。

〈御園　真史〉

4　生成AIと権利問題

(1)　著作権法の基本的な考え方

　生成AIと著作権問題を考える上で、著作権法の基本的な考え方を理解しておくことは重要です。なぜなら、生成AIを使わずに行う創作活動の際の著作権侵害の要件と同様に考える必要があるからです。

① 著作権法の目的

　著作権法では、著作物の「公正な利用に留意しつつ、著作者等の権利の保護を図り、もって文化の発展に寄与する」（著作権法第1条）ことを目的としており、著作者の権利の保護と利用・新たな創作の自由とのバランスを取ることが重視されています。そのため、「思想又は感情を創作的に表現したものであって、文芸、学術、美術又は音楽の範囲に属するもの」（著作権法第2条第1項第1号）を著作物と定義し、著作権法が保護する対象となります。ここで重要なのは、単なる事実やデータ、ありふれた表現、表現に至らない着想などは、法による保護の対象にならないということです。

② 著作権侵害の要件

　著作権には、著作物の利用行為ごとに複製権、譲渡権、公衆送信権等の権利（支分権）が定められています。通常、著作権の対象となる利用行為をしようとする際は、著作権者から許諾を得ることが原則です（法第63条第1項）。そのため、権利者の許諾を得ることなく利用した場合は、著作権侵害となります。ただし、以下の主な権利制限規定に該当する場合は、権利者から許諾を得ることなく利用することができます。

・私的使用のための複製（法第30条）

・引用（法第32条）

・学校その他の教育機関における複製等（法第35条）

　著作権侵害の要件として「類似性」と「依拠性」がポイントになります。類似性の判断には、著作物の表現上の本質的特徴を直接感得できることが必要とされています。つまり、表現に至らないアイデアの共通にとどまる場合、類似性は否定されます。依拠性とは、既存の著作物に接し、それを自己の作品の中に用いることです。したがって、偶然の一致に過ぎない場

合、依拠性は否定されます。

(2) 生成AIと著作権

生成AIと著作権を考えるとき、図1-7のように「AI開発・学習段階」と「生成・利用段階」では著作物の利用行為が異なるため、対応する支分権も異なります。そのため、これら二つの段階は分けて考える必要があります。しかし、どちらの段階に関しても、「当該著作物に表現された思想又は感情を自ら享受し又は他人に享受させることを目的としない場合」（法第30条の4）であることがポイントになります。「享受」を目的とする行為とは、著作物等の視聴等を通じて、視聴者等の知的・精神的欲求を満たすという効用を得ることに向けられた行為を意味します。

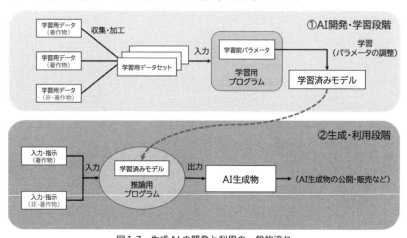

図1-7　生成AIの開発と利用の一般的流れ
出典：令和5年度著作権セミナー「AIと著作権」（文化庁著作権課）

① AI開発・学習段階における著作権

AI開発・学習段階においては、大量かつ多様なデータを収集・複製した学習用データセットを利用してAIに学習させ、学習済みモデルを作成します。これらのデータに著作物が含まれますが、AI開発のための情報解析のように、著作物に表現された思想又は感情の享受を目的としない利用行為は、原則として権利制限規定に該当します。情報解析用としてのライセンス市場が成立している著作物の利用に関しては、権利制限規定に該当しないので注意が必要です。また、AI学習により作成された学習済み

モデルは、学習に用いられた著作物と類似しないものを生成することができるため、著作物の複製物には該当しません。一般的に、特定のクリエイターの作品である著作物のみを学習データとして利用することにより、特定のクリエイターのアイデアを模倣することができますが、アイデア自体は著作権法による保護の対象にはなりません。しかし、当該作品群に共通する表現上の本質的特徴があると評価できる場合もあり、このような場合は、著作権法による保護の対象になる可能性があることに配慮が必要です。

今後、学校教育においても生成AIを用いた創作活動が考えられますが、子どもが生成AIを利用する場合、AI利用者が認識し得ない著作物に基づいたものを生成する可能性があります。それは、生成AIが子どもの知らないところで大量かつ多様な著作物を学習しているからです。したがって、生成AIが著作物や非著作物を情報源としているというAI開発・学習の仕組みを理解し、自らが知り得ない環境で開発された生成AIを創作活動に使っているという認識をもつことは、生成AIを安心・安全に利活用することにつながります。その意味では、学校教育におけるAI開発・学習段階に関する体験的な学習は重要であり、このような権利制限規定の範囲内において、AI学習のために使用する目的で、著作物を学習データとして複製することに問題はありません。

② 生成・利用段階における著作権

生成・利用段階においては、生成AIによる生成物の生成行為と生成物の利用行為について、既存の著作物の著作権侵害となる可能性があります。生成AIによる生成物の生成行為に関しては、入力データとしての著作物をサーバに保存することや、生成AIによる生成物をサーバやPC上に保存することが問題となるので、権利制限規定に該当するかに注意が必要です。また、生成物の利用行為に関しては、生成物をアップロードすることや、生成物の複製物を販売することが問題になるので、類似性と依拠性に注意が必要です。

現在、無料で利用できる文章生成AI、画像生成AI、動画生成AI、音楽生成AI等が開発されています。自分のアイデアやイメージをもっていれば、生成AIを利用することによって、表現することに自信のない子ども

でも、自分のアイデアを表現しやすくなります。また、表現することが得意な子どもであっても、自分の個性をよりよく表現するためのインスピレーションや新たな技法を得たりすることもできます。このように、生成AIの利用は子どもの可能性を広げることができるため、学校教育において、子どもが生成AIを利用して生成物を生成することは十分に考えられます。その意味においては、自分のアイデアを表現するための道具として生成AIを利用することを基本とし、生成AIに対するプロンプトの入力に当たっては、自分のアイデアがよりよく表現されるように詳細な指示を入力したり、自分のイメージに合うようにプロンプトの修正を繰り返したりする創作活動の意義を大切にしなければなりません。一方、生成AIを利用した子どもの創作活動の結果である生成物が、既存の著作物と類似しているかについては、子どもでは判断ができない場合もあると考えられます。したがって、安易に生成物をアップロードすることは控え、あくまでも権利制限規定の範囲内にとどめておく等、情報モラルや情報リテラシーと関連付けた指導も不可欠です。

　今後、学校教育においても、多くの子どもが生成AIの利用者となる可能性があることを考慮し、著作権等の生成AIの権利問題について常に認識のアップデートを行うべきでしょう。AdobeのFireflyのように学習データについて著作権に配慮することで、公式に商用利用が認められているサービスを使うことも一つの手です。子どもが権利問題のトラブルに巻き込まれないように、自分で自分を守る「生成AIの利用に関する教育プログラム」の実施が望まれます。

〈坂井　武司〉

5　生成AIとメンタルヘルス

　教育現場における児童生徒のメンタルヘルスに対する対策は急務の課題です。児童生徒においては、文部科学省（2023b）の調査結果を見ても、いじめや不登校等が増加していることが分かります。不登校児童生徒数が小・中学校で約30万人で、いじめ重大事態の発生件数も923件あり、いずれも過去最多を示しています。

　こうした現状に対し、「誰一人取り残されない学びの保障に向けた不登校対策（COCOLOプラン）」の中で、「不登校・いじめ緊急対策パッケージ」（文部科学省，2023a）が提唱されました。そこでは、不登校やいじめなどについて「面と向かって相談しにくい」状況に対し、アプリ等を活用した相談がしやすい体制づくりや、メンタルヘルスの観察等を推進しています。具体的には、アプリ等を用いて心や体調の変化の早期発見を推進し、SOSをキャッチした際には、スムーズに心理支援サービスにつながるようにしています。2023年2月時点でアプリ等を用いた把握を行っているのが411市町村、今後アプリ等の活用を検討しているのが580市町村です。

　このようなアプリ等にも、生成AIが活用されています。メンタルヘルスに用いられる生成AIの機能として、「分析」（スクリーニング等）と「心理支援サービス」（心理的チャットボット等）があり、上記は、前者の「分析」に当たります。生成AIの「分析」の機能は、いわゆる心理的アセスメントを行うアンケートだけでなく、個人の同意の下、例えば、健康診断の結果、検索履歴、宿題のテキストや絵などを分析することによって、心理的不適応のリスクなどを予測することができます（van Agteren et al., 2021）。日本では、国立研究開発法人国立精神・神経医療研究センターが研究開発を進めている「KOKOROBO（ココロボ）®」が挙げられます。

　メンタルヘルスに関わる生成AIのもう一つの機能としての「心理支援サービス」の代表されるものが、心理的チャットボットです。心理的チャットボットの特徴として、「対、人間ではない」点が大きな特徴として挙げられます。何かしらの悩みごとや不安があった際に、私たちは誰かに相談することで、悩みを解決したり、つらさを緩和したりします。しかしな

がら、現代の、特にカウンセリングなどのメンタルヘルスの向上にまだなじみの薄い日本においては、欧米に比べて、誰かに相談しようとする「援助希求的態度」が低いと言われています。逆説的な言い方をすれば、「対、人間ではない」ため、気兼ねせずに自分のことを語れることができるというのが、心理的チャットボットの利点と考えられます。

　日本においても、心理的チャットボットのアプリが提供されています。心理的チャットボットとは、「心理支援サービス」をベースとしたデータに基づき、利用者とチャットを繰り返すことで、文面などから感情などを読み取り、メンタルヘルスを向上させます。欧米では、いくつかの研究によって効果が認められています（Fitzpatrick et al., 2017; Habicht et al., 2024）。

　日本における心理的チャットボットのアプリに、SELF株式会社が提供する「SELFアプリ」やemol株式会社が提供する「emol」などがあります（図1-8）。「emol」については、児童生徒向けの「emol for school」（emol株式会社, 2023a）や教員向けのアプリ（emol株式会社, 2023b）も開発されています。「SELFアプリ」は、AIキャラクターとの会話等を通して、生活サポートやメンタルケアを目指しており、更に、ChatGPTと連携し、「未来予測」と呼ばれるアドバイスが提供されるのが特徴です（SELF株式会社, 2023）。ただし、日本においてはまだ科学的検証が少ないので注意が必要です。また、いくつかの課題も指摘されています。例えば、生成AIとの対話に過度に依存してしまい、現実の友人関係や人間関係の構築に対して消極的になってしまう可能性もあります。また、そもそも、どの「心理支援サービス」であっても、全ての人に対して、有用で適切であることはありません。そして、「誰にどの『心理支援サービス』が適切か」ということを判断するには、個別性をよくアセスメントして、かつ、相当な訓練を積んだ専門性が問われます。

　こうしたメリットとデメリットを勘案した上で、心理的チャットボットのアプリ等を使用することが望ましいです。

　これらのメンタルヘルスに関するアプリ等について、アメリカ精神医学会は5段階の「アプリ評価モデル」を提唱しています（図1-9）。

選択式の会話で
あなたのことを
記憶・理解します

キャラクターは全部で7体

日記や分析など、豊富な機能も

入力すると
初期型ロボが
画像を生成し……

あなただけの
今日の画像が完成！

日記に保存も可能

図1-8　心理的チャットボットアプリ

Step 1: Access and Background
・アクセスのしやすさと背景

Step 2: Privacy and Security
・守秘性と安全性

Step 3: Clinical Foundation
・臨床的基盤

Step 4: Usability
・利用者の使いやすさ

Step 5: Data Integration towards Therapeutic Goal
・治療目標に向けたデータの統合

図1-9　アプリ評価モデル（APAを基に筆者作成）

本来の「心理支援サービス」には、高度な知識とともに、相対する人間に合わせた高度なスキルや態度が求められます。あくまで、心理的チャットボットは、メンタルヘルスの向上の補助的な「心理支援サービス」として活用するのがよいと思われます。もし、対面の「心理支援サービス」に抵抗がある場合には、遠隔心理支援サービスなどを利用するのもよいでしょう。遠隔心理支援サービスなど、ICTを活用した事例も多くなってきています（Takebayashi et al., 2020）。実際に、その効果について検証したエビデンスを眺めてみると、対面での心理支援サービスと、対話を介した遠隔心理支援サービス（電話、ビデオ通話、ビデオカンファレンスなど）は、同等の効果があると言われています（竹林・前田, 2020）。

図1-10　国内メンタルヘルス　カオスマップ

　生徒指導提要（文部科学省, 2022）においても、発達指示的生徒指導として、誰かに相談しようとする「援助希求的態度」を育成することが重要としています。「援助希求的態度」を育成すると同時に、心理的チャットボットを補助的に使用することによって、児童生徒のメンタルヘルスの向上を目指すことができます。

〈枝廣　和憲〉

6　生成AIと大学入学試験

　生成AIのGPT-4に2024年度の大学入学共通テストを解かせる実験が株式会社LifePromptによって行われました。方法は、試験問題のPDFをGoogle Docsを用いて文字起こしして、生成AIに読み込ませるというものです。例えば、Google ドライブにPDFファイルを置き、Google ドキュメントで開くと、テキスト形式で扱えるようになります。ちなみに、PDFの文字起こしは文章が乱れることがあるので、テキストを適宜修正する必要があります。画像についても、ファイルをアップロードすれば生成AIが読み込んでくれます。現在のところ、GPT-4は有料ですが、GeminiやCopilotでは無料で画像をアップロードすることができます。このような方法によると、数学以外の科目では平均で75%程度の正答率になり、数学IAで35%、数学IIBで46%の正答率になります。ここでは、生成AIが特に苦手とする数学について考えてみましょう。

　生成AIの数学能力を測る方法として、生成AI用の数学問題集のデータセットを解かせる、というものがあります。小学校算数レベルのデータセット「GSM 8 K」によるGPT-4のベンチマークテストは92%、GoogleのGemini Ultraでは94.4%の正答率を記録しています。これらの結果を考慮すると、生成AIが小学校算数レベルの問題を100%解くのは時間の問題と言えるでしょう。一方、高校・大学レベルのデータセット「MATH」においてはGPT-4やGemini Ultraでの正答率は53%程度にとどまっています。これは、高度な数学において、対話型の生成AIの利用には十分な注意が必要であることを意味しています。実際、高校数学の教科書に載っている「数列の漸化式の一般項を求める」といったレベルの問題に対しても間違えることが多々あります。

　数学者のDavid H. WolpertとWilliam G. Macreadyによって「あらゆる分野で優れた万能のAIは存在しない」というノーフリーランチ定理が発見されました。これは、扱う対象（目的、データの種類、データの処理方法、分析方法など）を加味して、各々のケースに応じたAIを選択することが重要になることを意味します。つまり、難易度の高い数学を、特別な数学処

理機能をもっていないGPT-4やGemini Ultraに解かせること自体に無理があるのです。対処法として、プラグインの「Wolfram」などをGPT-4に追加すると数学処理機能が向上します。この状況を更に進めて、「特定の数学に特化したAI」をつくったらどうでしょうか。このようなAIの一つにGoogle DeepMindが開発したAlpha Geometryがあります。Alpha Geometryは直感が得意な「言語モデル」と論理が得意な「記号演繹エンジン」から構成されたもので、国際数学オリンピックの幾何に関する問題に対し、金メダリストと同等の正答率があります。しかも驚くべきことに、「素数は無限個存在することの証明」などに対しても能力を発揮しました。こうした成果を考えると、近い将来Alpha Geometryのような能力をもつ解析学、代数学、統計学などに特化したAIが開発されて、大学入試問題を解くことが可能な（複数のAIを組み合わせて構成される）生成AIが登場することが十分に考えられます。なお、Alpha GeometryはGitHubで公開されていますので、実装して試してみるのも楽しいでしょう。

　最後に夢の話をしましょう。天才数学者ラマヌジャンは数々の神秘的な数式を発見しました。例えば、モジュラー関数への深い洞察を基にして、円周率πの公式、

$$\frac{1}{\pi} = \frac{2\sqrt{2}}{99^2} \sum_{n=0}^{\infty} \frac{(4n)!}{n!^4} \frac{26390n + 1103}{396^{4n}}$$

を発見しています。ラマヌジャンの数学は「ラマヌジャンが発見しなければ、100年後も発見されない」というほど独創的なものです。通常、数学は「帰納」「類比」「例証」「計算」などを用いて研究されますが、ラマヌジャンは加えて「透徹した審美観」をもっていたと考えられます。生成AIがこの「透徹した審美観」を学習し、人類の想像を超える数学を発見したとき「シンギュラリティ」が到来したと言えるのではないでしょうか。

〈天野　通大〉

Column

問いの科学とプロンプトエンジニアリング

　プロンプトエンジニアリングとは、特に自然言語処理を担うAIに入力する指示（Prompt）を調整して、適切かつ精度の高い出力を導く上での技術領域です。第1章第1節で述べたように、「問い」を精緻化する力こそがこれからの社会で求められますが、その具体化として機能や目的に合わせて生成AIによる出力のクオリティを最大化する指示文を設計する実用的内容と言えます。代表的なプロンプト要素には「定義」「背景（脈略）」「例示」「出力形式」などがあり、それらの文脈学習によって意味付けて回答を制約します。また、代表的な手法として、事前情報を一切与えずに指示文を入力するZero-shot Promptingや、いくつかの具体的例示によってデモンストレーションを示して誘導するFew-shot Prompting、論理的な処理を求める上で途中までの推論や考え方を示して連鎖させるChain-of-thought Promptingなどが挙げられます。また、プロンプトに「あなたは熟練した小学校教員です」「あなたが中学校生徒の保護者だとします」のように一定の役割を与える「ロールプレイ」を入れることも回答の妥当性を高めます。こうしてみると、プロンプトエンジニアリングは従来のシステム設計やソフトウェア開発で行っていた要件定義を行う仕様書の様式を、特定の応答生成に向けて生々しく帰納的に示す営みにも思えてきます。

　日進月歩で変化していく生成AIは、そのユーザーインターフェイスについても更に使いやすく直観的になり、凝ったプロンプトを入力せずとも、脈略から察して即応するコンシェルジュのような能力を次第に高めていくでしょう。そもそも、効果的なプロンプトの在り方自体を生成AIが学習していくことを予期すれば、その技術内容自体は比較的早期に陳腐化するかもしれません。しかし、それでもなお、プロンプトエンジニアリングは、汎用性の高い生成AIの諸機能と、我々人間の特定需要を媒介する上でのカスタマイズを行う営みとして一定の意義をもつでしょう。

〈小原　豊〉

第2章

未来の働き方を考える：生成AIによる省力化と充実

この章では、教員の働き方改革に資する生成AI活用の実際について、校務、授業準備、家庭学習の具体的事例からを展望します。

第1節　校務はどう変わるか？

1　週案作成と修正の実際

　週案とは、該当する1週間の学習指導や授業展開、生活状況記録などの学校生活のプランを可視化した計画書です。作成する法的根拠の弱い慣例であり、計画どおりの厳密な実施を義務付けるものではない柔軟な案ですが、教員は自らの行いを把握しつつ調整する上で、管理職者に提出しています。問題は、その週案作成に多大な時間と労力がかかることです。

　本項では、Microsoft Copilotによって、週案作成をどのように省力化できるのかを事例的に実践してみることにします。

　もちろん、「週案を作成してください」という単純なプロンプトを入力するだけでは、図2-1のように曖昧な回答しか得られません。不十分な回答である場合は、情報や条件を追加して、より適切な内容に近付けることができます。

　そこで、更に、①役割（小学校教員として）、②該当学年（第6学年）、③具体内容（各教科の単元名と配当時間）、④付記要請（各時間の授業目標を入れて表として出力）、を指示に追加して図2-2のように入力しました。

　この指示に対して、Copilotは図2-3のような週案を作成しました。

　さて、ここまでの作業で実感したのは、エクスポートの容易さです。Microsoft CopilotであればMicrosoft Excelにエクスポートすることができるため、週案を考える時間だけでなく、それを記入する時間も大幅に削減できます。また、学習内容を「未定」と入力した教科への対応は生成

> **Copilot**
>
> もちろんです！週案を作成するために、以下のステップをフォローしてみてください。
>
> 1. **目標の設定**：まず、週の目標を明確にしましょう。これは仕事、学業、健康、趣味など、あなたが達成したいことに関連するものです。
> 2. **予定の作成**：週の予定を作成します。カレンダーアプリや手帳を使用して、予定を日付ごとに記入してください。重要なミーティング、授業、トレーニング、その他の予定を含めてください。
> 3. **タスクのリスト**：週のタスクをリストアップしましょう。これには仕事や学業のタスク、家庭の用事、個人的なプロジェクトなどが含まれます。
> 4. **優先順位の設定**：タスクを優先順位に従って並べ替えます。締め切りのあるものや重要なものを先に取り組むようにしましょう。
> 5. **週の振り返り**：週の終わりに、達成したことや改善できる点を振り返りましょう。次週の計画に活かすために、フィードバックを自分に与えてみてください。
>
> 週案を作成する際には、これらのステップをカスタマイズして自分に合った方法で進めてください。頑張ってください！

図2-1　Microsoft Copilotによる回答例1

> あなたは小学校6年生の担任です。今から週案を作成します。
> 　月曜日から金曜日まで1時間目から6時間目までの計画を作り、表にまとめてください。表の中には学習内容だけでなく授業の目標も書いてください。学習内容は次の通りです。
> 　算数：「分数のかけ算とわり算」20時間程度
> 　国語：「帰り道」6時間程度、「笑うから楽しい」5時間程度、「時計の時間と心の時間」9時間程度
> 　社会：「ともに生きる暮らしと政治」10時間程度
> 　理科：「ものの燃え方」10時間程度
> 　道徳：（未定）4時間程度
> 　家庭科：「生活時間の見直し」4時間
> 　英語：（未定）8時間程度

図2-2　週案作成のプロンプト1

AIの種類によって異なります。図2-2のように、今回は英語と道徳の学習内容を「未定」としてMicrosoft Copilotに入力した結果、同教科は週案に反映されませんでしたが、同じプロンプトをGoogle Geminiに入力した結果、図2-4のように、仮定した学習内容が生成されて出力されました。

　このように、生成AIを使用すれば、短時間で週案の「たたき台」を作

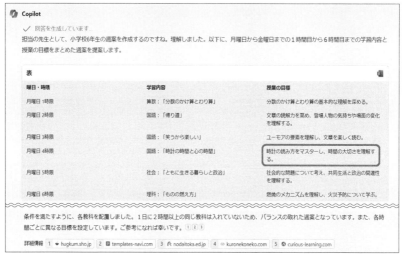

図2-3　Microsoft Copilotによる回答例2

成できますが、一方で、教材内容を学校教員のように把握できているとは限らず、そこに限界が生じます。例えば、図2-3では「時計の読み方をマスターし、時間の大切さを理解する」と記述されていますが、「時計の時間と心の時間」という教材は説明文であり、時計の読み方の学習ではありません。また、図2-4の部分を見ると「筆算による分数のかけ算の計算方法を練習し、正確に計算できるようになる」と記述されていますが、実際には、このような学習はありません。このように、生成AIで出力された情報に妥当性がない場合が多く、そのまま週案にはできません。そこで、Copilotによる回答最下部に「詳細情報」として関連するウェブサイトのURLが出てきますが、こうしたURL提供も、出典情報の一部として参考にしつつ、図2-5のようなプロンプトへの修正に利用します。再び一から全ての条件を入力する必要はなく、先の出力に更に条件を加える指示として入力すれば大丈夫です。

　重要になるのは、教科書会社による指導書や各教育委員会による資料などが示している一般的な指導計画を参照しつつも、その学級を実際に受け持って日々指導している立場として「その週案が目前の担当学級の実態に即しているのか」「教材の難易度と指導時数は適切なのか」について検討し、

> ◆ 小学校6年生 週案（未定科目も含む）
>
> 担任: (あなたの名前)
>
> 期間: 2024年月日 ～ 2024年月日
>
> 目標:
> - 6年生の学習内容を効果的に指導し、児童一人ひとりの成長を促す。
> - 児童が主体的に学習に取り組み、深い学びを体験できるよう、工夫した授業展開を行う。
> - 学級全体で協力し、充実した学校生活を送れるよう、温かい雰囲気づくりに努める。
>
> | 曜日 | 時間 | 教科 | 学習内容 | 授業目標 |
> |---|---|---|---|---|
> | 月曜日 | 1時間目 | 算数 | 分数のかけ算 | - 分数の乗法の意味を理解し、計算方法を習得する。
- 筆算による分数のかけ算の計算方法を練習し、正確に計算できるようになる。 |
> | | 2時間目 | 国語 | 帰り道 | - 物語の内容を理解し、登場人物の気持ちや行動を想像する。
- 自分の経験と重ね合わせ、作品への共感力を深める。
- 主人公の行動や心情を表現する言葉を具体的に選び、発表する。 |
> | | 3時間目 | 社会 | ともに生きる暮らしと政治 | 地域の政治について調べる |
> | | 4時間目 | 理科 | ものの燃え方 | 燃焼に必要な条件について調べる |
> | | 5時間目 | 道徳 | 友情 | - 真の友情とは何かを考える。
- 友達との関わりの中で、思いやりや助け合いの大切さを学ぶ。
- 自分の考えを具体的に説明し、友達と意見交換を行う。 |

図2-4　Google Geminiによる回答例

配当時間や指導の焦点を加筆修正することです。再び生成AIへの入力修正で週案を更に精選させるのか、それともこれ以上は教員による直接手直し作業のほうがよいのか、その判断が大切になります。

　週案は単なる予定表ではありません。教員が児童生徒の実態に合わせて、学習の進め方を検討するために作成するものです。そのため、「たたき台」としての週案作成を生成AIに任せることで生み出された時間を教材研究

> **自分**
>
> 「時計の時間と心の時間」は国語科の説明文の学習です。説明文を読む力に関わる目標を修正してください。

図2-5　週案作成の修正プロンプト

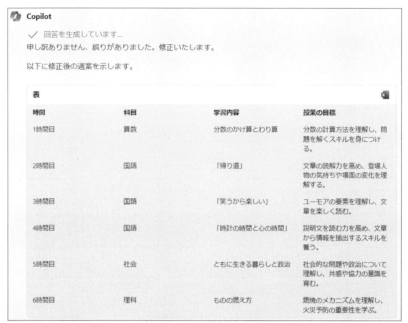

図2-6　Microsoft Copilotによる回答例3

に活用することによって児童生徒の学びの質を更に高める意識こそが大切です。

〈谷　竜太〉

2　遠足・校外学習の行程立案の実際

　遠足は、特別活動の〔学校行事〕における「遠足・集団宿泊的行事」の中に含まれます。自然や文化に親しむことや、集団生活の在り方やルールやマナーなど公衆道徳について学ぶことが、そのねらいとして位置付けられています。また、校外学習は生活科、社会科、理科などの授業の一環として行われるものです。どちらも学校教育活動の一環であり、事前の入念な計画をもって実施しなければなりません。その行程の立案は教員にとって大きな負担でもあります。近年、ナビゲーションサービス大手では出発地点と目的地点、興味あるテーマを選択することで、生成AIが最適な観光プランを提案するサービスを開始しました。学校現場においても遠足や校外学習の行程を生成AIによって立案する実践が考えられます。そこには紙媒体で得る古い情報よりも、常時更新されるWebから得たほうが施設などの新しい情報が得やすいというメリットもあるでしょう。本項ではChatGPTを用いて遠足・校外学習の行程を立案します。

(1)　行程立案の実践

　ここでは東京都豊島区にある公立小学校第3学年の遠足を事例にします。まず目的地を選定し、次に時間配分なども含めた詳細な行程を作成します。

① 目的地の選定

　長沼ら（2020）によれば、遠足や校外学習の行程立案の事前準備では、まず実施学年に応じた「ねらい」に従って目的地を選定します。生成AIが回答する施設には、実際に存在しない施設が含まれることがあるので、こうした誤情報（ハルシネーション）に気を付ける必要があります。学校現場での行程立案では目的地選定から始める機会はそれほど多くないので、本項では目的地を「井の頭自然文化園」と定めたところからChatGPTを活用してみます。

② 詳細な行程の作成

　行程を立案するには、少なくとも交通手段、所要時間、相手先、見学場所、料金、活動場所や形態（全体行動、小集団行動）、コース設定、時間配分、見どころ、学びどころなど多くの要因の検討が必要になります。生成AI

による立案ではプロンプトとその回答を吟味し、その指示文に付加条件を与えて再回答を求める「壁打ち」を繰り返します。最初から完璧な行程案が出るとは思わず、最初に机上の空論に近い「たたき台」を手に入れて、徐々に諸々の要件を加えて修正するのが現実的です。

> **You**
> 遠足の行程を考えてください。次の条件があります。
> ・目的地は井の頭自然文化園。
> ・集合場所ならびに解散場所は目白駅から徒歩5分の小学校。
> ・児童は小学3年生。
> ・児童が自然環境や動植物を大切にする心を養うことができる活動をいれる。
> ・仲間と一緒に協力することの大切さを学ぶことができる活動をいれる。
>
> **ChatGPT**
> 遠足の行程を考えると、次のようなプランが考えられます：
>
> 1. 9:00 - 集合: 目白駅から徒歩5分の小学校で児童を集合させます。
> 2. 9:15 - 出発: 目白駅を出発し、井の頭自然文化園に向かいます。
> 3. 10:00 - 到着: 井の頭自然文化園に到着し、自然環境や動植物について学ぶツアーを開始します。
> 4. 11:30 - 自然探検: 児童が自然環境や動植物を身近に感じながら、ガイドと一緒に自然探検を行います。
> 5. 12:30 - ピクニックランチ: 園内で持参したお弁当を食べます。この時間に、仲間と一緒に協力して食事の準備や片付けを行います。
> 6. 13:30 - チームゲーム: 児童たちがチームを組んで、自然の中でチームワークを学ぶゲームを行います。
> 7. 14:30 - 自由時間: 児童たちが自由に園内を探検したり、お土産を買ったりします。
> 8. 15:30 - 解散準備: 園内を離れ、小学校へ向かいます。
> 9. 16:00 - 解散: 小学校に到着し、児童たちを解散させます。

図2-7　1回目のプロンプトと回答

生成AIによる1回目の回答（図2-7）には、次の問題点があります。

・目白駅から井の頭自然文化園までの移動時間は45分（Googleマップでは約40分）と設定されているが、小学校第3学年の移動時間には適さない
・「チームゲーム」の内容が抽象的である
・帰りの移動時間が行きの移動時間よりも短くなっている
・園内を探検する時間配分が多過ぎる

大まかな素案にはなりましたが、完成には程遠いものとなりました。
次に1回目の回答を基に条件追加のプロンプトを入力しました。

> **You**
> 遠足の行程を修正してください。次の条件を追加します。
> ・目白駅から井の頭自然文化園までの移動時間を45分から1時間に変更してください。
> ・6のチームゲームの内容を具体的にしてください。
> ・園内を探検する時間が多いので、3のツアーを違う活動に変更してください。
> ・帰りの移動時間を行きの移動時間と合わせてください。
>
> **ChatGPT**
> 修正した遠足の行程は以下の通りです:
>
> 1. 9:00 - 集合: 目白駅から徒歩5分の小学校で児童を集合させます。
> 2. 9:15 - 出発: 目白駅を出発し、井の頭自然文化園に向かうためのバスに乗ります。
> 3. 10:15 - 到着: 井の頭自然文化園に到着し、園内での自然探検活動を開始します。
> 4. 11:45 - 自然探検: 児童がガイドと一緒に園内を探検し、自然環境や動植物について学びます。
> 5. 12:45 - ピクニックランチ: 園内で持参したお弁当を食べます。この時間に、仲間と一緒に協力して食事の準備や片付けを行います。
> 6. 13:45 - チームゲーム: 「自然の宝探し」ゲームを行います。児童をチームに分け、指定された場所に隠された自然の宝を見つける競争をします。
> 7. 14:45 - 自由探索: 児童たちが自由に園内を探検したり、興味を持った展示物を見たりします。
> 8. 15:45 - 解散準備: 園内を離れ、帰りのバスに乗ります。
> 9. 16:45 - 解散: 目白駅に到着し、児童たちを解散させます。

図2-8　追加プロンプトと回答2

　2回目の回答（図2-8）は、チームゲームの具体性などは高まりましたが、依然として以下のような問題点が残ります。
・下校時刻が遅い
・電車移動ではなくバス移動になっている
・自然探検活動の具体性が欠けている
　そして3回目のプロンプトを入力しました。そこから得られた3回目の回答（図2-9）では、チームゲームが変更され、自然探検活動で得たことを再利用する練られた活動になっています。ただし、集合場所が目白駅になっていたり、帰りの電車の移動時間が30分間になっていたりと、まだ修正すべき課題はかなり残っています。

(2) 実践の成果と課題
　本項で示したように、入力条件を限定すれば、たたき台としては短時間でそれなりの行程ができ上がり、教員の業務を肩代わりしてくれることが

> **You**
> 遠足の行程を修正してください。次の条件を追加します。
> ・移動手段を電車に変更してください。
> ・3と4の活動を一緒にし、自然探検活動の内容を具体的にしてください。
> ・集合時間と解散時間を30分早めてください。
>
> **ChatGPT**
> 修正した遠足の行程は以下の通りです：
>
> 1. 8:30 - 集合: 目白駅で児童を集合させます。
> 2. 8:45 - 出発: 目白駅から井の頭自然文化園まで電車で移動し、到着後に自然探検活動を開始します。自然探検では、児童が植物や動物を観察し、身近な自然について学びます。また、植物や動物の名前や特徴を記録するワークシートを配布し、児童がアクティブに参加するように促します。
> 3. 11:00 - ピクニックランチ: 園内で持参したお弁当を食べます。この時間に、仲間と協力して食事の準備や片付けを行います。
> 4. 12:00 - チームゲーム＆活動振り返り:「生き物スポットゲーム」を行います。児童をチームに分け、園内で見つけた生き物や植物の特徴を報告し合い、ポイントを競います。その後、自然探検活動での経験や気づきを振り返ります。
> 5. 13:30 - 自由探索: 児童たちが自由に園内を探検したり、興味を持った展示物を見たりします。
> 6. 14:45 - 解散準備: 園内を離れ、電車で目白駅に向かいます。
> 7. 15:15 - 解散: 目白駅で児童たちを解散させます。

図2-9　再追加プロンプトと回答3

分かりました。活動内容に関しては、それほど不都合が現れなかった一方で、時間配分や移動手段といった運用面に関しては以下のような課題が残りました。

・正確な時間配分ではない（公共交通機関のダイヤを参照していない）

・場所が正確ではない（誤回答が散見される）

・修正条件を追加すると、しばしば初期条件が棄却される

　このことから、やはり生成AIでの立案は、児童の実態を把握した当該教員にしか配慮できない諸要因を組み込む余地が多いと言えるでしょう。移動経路での安全性を考えたり、トイレの場所や数を踏まえたり、雨天や体調不良者のケアなど不測の事態に備えたりと、他にもプラン上で考慮すべき要因は多数あり、安心・安全に引率する上での修正が必要です。

〈山﨑　蒼太〉

3 学級通信の翻訳

　学級通信は、保護者との連絡手段の一つです。この学級通信を通して、学校における子どもの様子や学習に関する保護者への要望などの他、伝え方次第では、書き手の人となりを伝えることもできます。しかし、令和5年度外国人の子供の就学状況等調査（文部科学省, 2024）によれば、日本語の他に11か国もの言語に対応している地方公共団体もあり、全ての保護者に書き手の意図が伝わるよう学級通信を出すことは、簡単ではありません。そこで、本項では分かりやすく日本語と英語の二つの言語に焦点を当て、AIを用いた学級通信の翻訳について考えていきます。

(1) Lost in Translation

　AIによる翻訳を進める予備知識として、二つの観点を示します。

　まず'Lost in Translation'とは、ある言語から他のある言語へ置き換える翻訳という過程で失われるものを指します。これは遠回しに、私たちが使う言語は、それぞれ唯一無二であることを示しています。例えば「スープを飲む」を英語では、'eat soup'と一般的に表現します。素直に考えれば、「飲む」は'drink'ですので'drink soup'と表現したくなりますが、スープには固形物を含むことから日本語で言うところの「食べる」という'eat'で表現します。図2-10からも分かるように'eat'は、日本語で言う「食べる」と「飲む」の意味を兼ね備えています。逆も考えてみましょう。日本語の「飲む」は「薬を飲む」のように、液体だけでなく、錠剤やカプセルであっても同様に「飲む」と表現します。それに対して英語では、錠剤やカプセルの場合'take a pill'や'take a tablet'と一般的に表現されます。このように、日本語の「飲む」は、

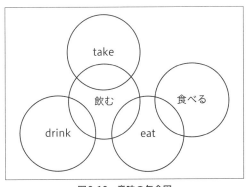

図2-10　意味の包含図

英語で言う'drink'と'take'の意味を兼ね備えています。要するに、単語ですら完全に同義のものがないため、翻訳する過程でその翻訳に用いた意味以外の意味が失われてしまうことがあります。ときにそれは意味だけでなく、その言葉の趣きやニュアンスなどが失われることもあり、「完全な翻訳」は本質的に不可能であることを示唆しています。

(2) Preserve in Translation

次に'Preserve in Translation'とは、'Lost in Translation'の対語で、翻訳する上でどのような情報を残すかを明確にすることです。

① 伝えたい内容を残す（命題の保存）

伝えたい内容を残すとは、言い換えれば、何を要点とするかということです。AIを用いて翻訳する際には、AIが誤訳しないように意味が明確な文を入力する必要があります。例えば「かっこいい車に乗っている男性がいます」のような文は誤訳につながります。この文では、「かっこいい」が車に係っているのか、男性に係っているのかが明確ではありません。意味が明確な係り受けを行うために、「車に乗っているかっこいい男性がいます」と語順を入れ替えることが大切です。他にも、「あれ」「それ」などの指示語を多用したり、意味が複数に取れるような曖昧な語句を用いたりすると誤訳につながります。これは後述するように、生成AIにプロンプトを入力する際の注意そのものでもあります。

② 物言いを適切にする（モダリティの保存）

適切な物言いを残すとは、言い換えれば、どのように伝えるかということです。同じ内容であっても、伝え方によってニュアンスが変わります。例えば「です」と「である」のような語尾だけでもニュアンスが変わります。いわゆる敬体と常体の違いですが、「りんごは赤い果物です」と「りんごは赤い果物である」では、敬体を用いた文が、常体を用いた文よりも柔らかい印象を与えます。常体の文は、論文で主張をしているような印象を受ける人もいるでしょう。このように、「です」「である」のような書き手の心的態度を表す部分をモダリティと言います。

(3) AIを用いた翻訳

ここまでの話を踏まえた上で、AIをいかに扱って翻訳するのか考えて

いきます。また、今回はGPT-4を用いて翻訳を行います。

　ChatGPTに入力するプロンプトは大きく二つに分けることができます。一つめは、どのような翻訳をするのか、翻訳の仕様を決めるプロンプトです。二つめは、翻訳結果を確認するプロンプトです。AIを用いた翻訳のよさは、この二つめのプロンプトにあります。これにより、書き手が読み書きできない言語においても、一定の精度で翻訳することが期待できるからです。例えば、図2-11にある【原文】のようなあいうえお作文を学級通信に載せたとします。これを英語に翻訳してみます。今回は、二つのプロンプトを山田（2024）を参考にして作成しました。

　まず、仕様プロンプトを作成します。このとき、どのような目的の文章で、誰を対象としているのかなどを詳しく指定しておくことが重要です。

次の【原文】の日本語の文章を英語に翻訳してください。
翻訳するときに以下の条件を満たしてください。
翻訳の目的：小学校の学級通信を作成します。
対象読者：小学生の保護者
形式：ＵＭＭＹを頭文字とした、あいうえお作文

【原文】
うれしいことを
めいっぱい増やして
みんなで
やさしいクラスを作りましょう

図2-11　仕様プロンプト

Uplifting moments,
Multiply them fully,
Making together,
Yes, a kinder class.

図2-12　【訳文】

　図2-11に対するChatGPTの回答で、図2-12のような「訳文」が得られました。図2-11で指定したように、U，M，M，Yを頭文字とした作文が翻訳結果として得られました。ここで気になる点は、こちらの意図が

正しく伝わっているのかという点です。そこで今回は、命題の保存に焦点を当てて、確認プロンプトを作成します。このとき、AIに対して「あなたは〜です」と役を指定するロールプレイで入力すると、明確な回答結果が得られやすくなります。また、単に訂正されてしまうと、訂正の意図が読み取れないことがあるため、訂正すべき箇所も説明するよう確認プロンプト（図2-13）を作成しました。

図2-13に対して、ChatGPTから図2-14のような回答が得られました。これを見ると、より原文の命題に近い訳文になったことが分かります。しかし、図2-14で「『Let's create a kinder class』」とした方が『作りまし

あなたはプロの翻訳チェッカーです。下の【原文】の日本語と【訳文】の英語を比べ、【原文】の命題が【訳文】で失われるようなエラーがないかを確認してください。もしもエラーがある場合は、その部分を抜き出して説明をしてください。最後にそれらのエラーを訂正した正しい訳文をください。

図2-13　確認プロンプト

訳文のチェックを行った結果、以下のエラーが見つかりました：

1. 「うれしいことを」の翻訳：「Uplifting moments」では「うれしいこと」を「元気づける瞬間」と解釈していますが、これは原文の意味する「楽しいこと」や「幸せなこと」のニュアンスが不足しています。
2. 「めいっぱい増やして」の翻訳：「Multiply them fully」は「完全に増やす」という意味ですが、「できる限り増やす」という意味合いが強調されるべきです。
3. 「みんなで」の翻訳：「Making together」は「共に作る」と訳されていますが、「みんなで」という言葉の協力的なニュアンスが少し弱いです。
4. 「やさしいクラスをつくりましょう」の翻訳：「Yes, a kinder class」という翻訳は直接的過ぎるかもしれません。「Let's create a kinder class」とした方が「作りましょう」という提案のニュアンスが生かされます。

修正案：
Uniting in joy,
Maximize it to the fullest,
Mutually,
Yielding a kinder class.

図2-14　ChatGPTによるエラー部分の説明とその修正案

ょう』という提案のニュアンスが生かされます」という説明に対し、修正案では'Yielding a kinder class'となっているため、説明と修正案に矛盾があります。また、命題だけでなく、モダリティにも言及しています。訳文を邦訳する作業を追加すると、モダリティも向上します。

　このように、AIは翻訳する際の大きな手助けとはなりますが、決して完璧ではありません。いかにAIを用いるのかを見極めることが大切です。

〈梅宮　亮〉

4　生成AIを使った文章校正

　職場体験や修学旅行後に児童生徒がお礼状を書くことは、児童生徒が自らの体験や経験を振り返ると同時に、社会を担う一員として礼儀作法を学ぶ重要な機会です。そのお礼状を仕上げる過程で、教員が児童生徒それぞれの体験や経験を理解し、学校外の方に届けられる文章であるかを確認して、場合によっては文面を整える校正作業が必要です。これは、教員にとって大変な作業です。本項では、小学生が職場体験を行ったスーパーに送るために作成した文章をChatGPTで校正する活動を概説します。

⑴　生成AIを使った文章校正

　今回校正する文章は以下のようなお礼状です。

「AIスーパーの皆さん、先日はスーパーの業務を経験させていただき、ありがとうございました。私たちは今までスーパーの商品がどうやって並んでいるか知りませんでしたが、今回やったおかげで店員の皆さんが一つ一つていねいに並べていることがわかりました。今度、自分たちもスーパーに行ったときは、店員さんがきれいに並べてくれているのをくずさないように商品を取りたいと思います。ありがとうございました。」

　このお礼状では、やや言葉遣いが崩れたものになっており、全体として伝わりづらい文章になっています。まずは、この文章をChatGPTを使って単純な校正を行います。

プロンプト：
以下の文章を校正してください。

「AIスーパーの皆さん、先日はスーパーの業務を経験させていただき、ありがとうございました。私たちはこれまでスーパーの商品がどのように並べられているかを知りませんでしたが、今回の経験を通じて、店員の皆さんが一つ一つ丁寧に並べていることを理解しました。次回、スーパーに行く際には、店員さんがきれいに並べてくれた商品を崩さないように気を付けて商品を取りたいと思います。本当にありがとうございました。」

このように、言葉遣いが崩れている箇所や、不明瞭な部分が修正されますが、全体的に大人びたものへと変化してしまってます。次は、この文章を年相応の表現に直すように生成AIへ指示しました。

> プロンプト：
> 文章全体が大人びているので、小学生らしさを残しながら失礼のないように整えた文章を作成してください。

「AIスーパーの皆さん、先日はスーパーの仕事を体験させていただき、ありがとうございました。私たちは今まで、スーパーの商品がどうやって並んでいるか知りませんでしたが、今回の体験で、店員さんが一つ一つ丁寧に並べていることがわかりました。今度スーパーに行ったときは、店員さんがきれいに並べてくれた商品を崩さないように気をつけて取りたいと思います。ありがとうございました。」

　このような指示を行うことで、児童の体験や経験、思いはそのままに、表現方法だけを校正することができました。

　しかし、実際の指導場面では、このように校正したお礼状を児童生徒に渡すだけでは教育活動になりません。校正のポイントを明確にしたアドバイスを児童生徒に与えて、改めて原稿を見比べて推敲することで文章作成能力を育みます。こうした教育活動を行う資料を得る上で、以下のようにプロンプトを修正して、構成ポイントとアドバイスを出力しました。

> プロンプト：
> 　この文章をより良くするためのアドバイスを3つ出力して下さい。
> 　その際、なぜその方が良いのかについて記述して下さい。
> 　アドバイスは以下の3つの項目から出力してください。
> 　① 文章全体で言葉の誤用や話し言葉が混在していないか
> 　② 文章全体の流れがよく、学んだことが伝わるか
> 　③ 感謝の気持ちや今後どのように行動したいかが明確か

以下、紙幅の都合上、その回答の一部を抜粋します。

> アドバイス1. 文章全体で言葉の誤用や書き言葉が混在していないか
> 　「やったおかげで」や「くずさないように」といった表現を見直して、より丁寧で自然な表現に置き換えましょう。
> 理由：誤用や話し言葉の混在を避けることで、文章全体がより一貫して丁寧な印象になります。
> 修正例：「やったおかげで」→「体験したおかげで」
> 　　　　「くずさないように」→「崩さないように」（以下略）

このように、アドバイス、理由、修正例が簡潔にまとめられました。

(2) 文章校正の一括出力

生成AIに対し、上記(1)のように個別に指示を出すことも可能ですが、これを個別に行うのは現実的ではありません。そこで、お礼状を表計算ソフトの左列に列挙し、CSV形式でダウンロードします。そのファイルをChatGPT（GPT-4o）に読み込ませることで、職場体験を行ったグループ全ての文章に対して、同様の処理を行うことができます。

以下の図2-15のように、チャット欄にCSV形式のファイルを添付して、①ファイルにデータの追加を指示し、どの順番でどのデータ（本項ではアドバイスと修正例）を追加するのかを指示した上で、③CSV形式で出力することを指示すると、図2-16のように、全ての対象児童に対しての校正を一括出力することができます。

(3) 生成AIを用いた文章校正の振り返り

本項で概説したように、生成AIを使用することで、複数の文章校正を一括で行うことができます。このため、更に児童生徒が文章に対するフィードバックを受けて、元の文章を振り返って推敲し直す活動が短いスパンで何度も繰り返し行えるようになり、その文章作成能力の向上を促すことが期待できます。またCSV形式での一括出力を応用することで、1学年児童生徒分の卒業文集や講演会の感想文なども、文章校正が可能になります。ただし、そのような文章には、生徒の氏名など個人情報が含まれてい

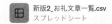
新版2_お礼文章一覧.csv
スプレッドシート

このCSVファイルは職場体験をした施設に送るお礼状の内容を列挙したCSVファイルです。このCSVファイルからそれぞれのお礼文を読み込み、その文章に対してより良くするためのアドバイスを3つ出力してください。その際、なぜその方が良いのかについて記述してください。アドバイスは以下の3つの項目から出力してください。①文章全体で言葉の誤用や書き言葉が混在していないか②文章全体の流れがよく、学んだことが伝わるか③感謝の気持ちや今後どのように行動したいかが明確かの3点です。さらに、その右側に、修正した修正例を載せてCSVファイルを出力してください。

分析が終了しました

CSVファイルの修正が完了しました。各お礼文に対するアドバイスと修正例を追加したCSVファイルを以下のリンクからダウンロードできます。

図2-15　ChatGPTへの指示

新版2_お礼文章一覧_修正例

お礼状	アドバイス	修正例
AIスーパーの皆さん、先日はスーパーの業務を経験させていただき、ありがとうございました。私たちは今までスーパーの商品がどうやって並んでいるか知りませんでしたが、今回やったおかげで店員の皆さんが一つ一つていねいに並べていることがわかりました。今度、自分たちもスーパーに行ったときは、店員さんがきれいに並べてくれているのをくずさないように商品を取りたいと思います。ありがとうございました。	「やったおかげで」という表現は口語的なので、「体験したおかげで」などの表現にすると良いです。「どうやって並んでいるか知りませんでした」という部分を「商品がどのように並べられているのかを知りませんでしたが」と具体的にすることで、学びの内容が明確になります。「これからは、商品を丁寧に取り、店員の皆さんが並べた商品を大切にしたいと思います。」を追加することで、具体的な行動が明確になります。	AIスーパーの皆さん、先日はスーパーの業務を体験させていただき、ありがとうございました。私たちは今まで、商品がどのように並べられているのかを知りませんでしたが、今回の体験を通して、店員の皆さんが一つ一つ丁寧に並べていることを学びました。これからは、商品を丁寧に取り、店員の皆さんが並べた商品を大切に扱いたいと思います。ありがとうございました。
老人ホームの皆さん、先日は老人ホームでの活動を体験させていただき、ありがとうございました。私たちは今まで、老人ホームでどんなことが行われているのか知らなかったのですが、今回やったおかげで、スタッフの皆さんが一人一人丁寧にお世話をしていることがわかりました。私も介護士さんになりたいと思いました。職場体験をさせてもらいありがとうございました。	「スタッフの皆さん」という表現を「職員の皆さん」に統一するとより丁寧です。「どのような活動が行われているのか知りませんでしたが」を「老人ホームでどのような活動が行われているのか知りませんでしたが」と具体的にすることで、学んだ内容が明確になります。「今度は、私たちもお手伝いができるようにもっと頑張りたいと思います。」という表現を「今後は、お手伝いができるように努力し、老人ホームでの活動を大切にしたいと思います。」にするとより具体的です。	老人ホームの皆さん、先日は老人ホームでの活動を体験させていただき、ありがとうございました。私たちは今まで、老人ホームでどのような活動が行われているのか知りませんでしたが、今回の体験を通じて、職員の皆さんが一つ一つ丁寧にお世話をされていることを学びました。今後は、お手伝いができるように努力し、老人ホームでの活動を大切にしたいと思います。ありがとうございました。

図2-16　出力されたCSVファイル

ることが多いため、取り扱いには細心の注意が必要です。

　このように生成AIを用いた文章校正は、教員の事務的な支援をするだけでなく、児童生徒の資質・能力を向上させる一助となり得るでしょう。

〈福田　敏史〉

Column

生成AIとデータサイエンス

　ビッグデータ時代の今日、データサイエンティストは社会的に需要の高い職種の一つです。データサイエンティストとは、「データサイエンス力、データエンジニアリング力をベースにデータから価値を創出し、ビジネス課題に答えを出すプロフェッショナル」とされ、表2-1にある三つの能力が求められています（データサイエンティスト協会・情報処理推進機構，2021）。

　生成AIの飛躍的な進歩によって、生成AIを利活用するスキルがこの三つの能力それぞれに加わりつつあります。特に、データエンジニアリング力として、生成AIを利活用するスキルは、データ分析やシステム開発のコード作成・修正、デバッグサポートを通して、プログラミングのコストダウンにつながるために重要です。

　生成AIの台頭により、データサイエンティストが不要になるのではないかという疑問も出つつあります。しかし、生成AIは、データ分析や資料作成などを効率化することはできるものの、その場にいる当事者の個別具体的なニーズを汲み取った仮説や推奨を提示すること、仮説や分析を「0から1」にすることなどはできません。そのため、生成AIがいかに進歩しようと、データサイエンティストとして求められる能力が変わろうと、データサイエンティスト自体が不要になることはないでしょう。

表2-1　データサイエンティストに必要な能力と生成AIの利活用スキル

能力	定義	求められる生成AIの利活用スキル
データサイエンス力	情報処理・人工知能・統計学などの情報科学系の知恵を理解し使う力	生成AIの特長や技術的・倫理的課題を理解し、生じた課題に対応する。
データエンジニアリング力	データサイエンスを意味のある形として扱えるようにして、実装・運用する力	データの前処理や分析、システム開発のためのコードを作成・修正する。
ビジネス力	課題背景を理解し、ビジネス課題を整理・解決に導く力	報告書や広告資料の叩き台を作成する。

〈清水　優菜〉

第2節 授業準備はどう変わるか？

1 授業準備はどう変わるのか

(1) 導入課題の工夫の実際

　授業導入の工夫は、単に学習内容を提示する以上の意味をもちます。導入課題は、児童生徒がその後の学習に対してどれだけ積極的に取り組むかに大きく影響します。授業冒頭で授業内容の意義や関連性を明確にすることによって、児童生徒が学びに対して前向きな姿勢をもつことができるからです。そのために教師は、児童生徒の日常生活や興味と関連付けつつ、その単元の全体目標を把握せねばならないでしょう。例えば小学校算数科におけるかけ算の指導では、具体物を用いて数えるとき、そこには「1、2、3、4、5……」と一つずつ数える子もいる一方、まだかけ算を学んでいないにもかかわらず、生活経験から自然と「2、4、6、8、10……」と数える子もいます。しかし、初めから「2の段の学習をする」と銘打って授業を始めたら、そのことを学ぶ意義がよく分からず、主体的に学習に取り組む態度を育むことが難しくなってしまうでしょう。授業が成功するかは導入課題で決まるといっても過言ではありません。

(2) 生成AIと導入課題

　導入課題は非常に重要ですが、全ての学校や教員が同じ形式の導入を行うことが最良とは限りません。児童生徒一人一人が異なる特性をもっており、教員や学校もそれぞれ違います。また、地域によっても特性は異なります。そのため、全てのクラスに画一的な導入課題を用意することは適切ではなく、各学級の実態に合わせた独自の導入を行うことが望ましいのです。しかし、現実には日々の授業において、各学級の実態に合った導入を毎回行うことは非常に困難です。

　この現状を打破する一つの方法として、生成AIの活用が考えられます。例えば、小学校低学年向けのプログラミング教育において、『ルビィのぼうけん：こんにちは！　プログラミング』（リウカス, 2016）という絵本を

使用した実践が複数存在します。しかし、この絵本はフィンランドでつくられたものであり、日本のプログラミング教育に適しているとは言えません。実際、過去の実践では複数の小学校が絵本の一部の章に絞って利用しており、別途販売されているスターターキットを購入してワークシートで実践することが多く、絵本を十全に活用できているとは言いがたい状況です。ここで生成AIを利用することで、教材内容を分析し、導入課題を各学級にとってより身近で効果的に変えることが期待できます。

　更に、導入課題の素地として絵本を使用する際に、絵本の登場人物に学校や友人などの身近な人や土地を取り入れて教材を開発するだけでも、児童生徒の興味を引き付けることができるでしょう。特別支援学校で行われている実践として、『おまたせクッキー』（ハッチンス，1987）という絵本を使ってわり算の導入を行う例があります。おやつにお母さんが焼いたクッキーを食べようとするとドアのチャイムが鳴り、そのたびに主人公の友達が訪れてクッキーの数が等分されていくという話です。生成AIを使用して、実際にこの絵本の内容を導入課題にすることを試みました。

　まずChatGPTにおいて冒頭の1頁分を読み込み、「これはある絵本の内容です。この絵本の固有名詞を送付した名前に変えてください。お母さん→赤羽先生、ビクトリア→花子、サム→太郎」というプロンプトを入力しました。すると、「赤羽先生がビスケットを焼きました。花子、たくさん美味しいのよ。食べててわたし、赤羽先生ってば、『わかってる。赤羽先生がぺろっと舐めたクッキーだとわかる』と太郎はいいました。」という出力がありました。しかし、写真に映っている文字を十分に認識できていないため、意味の通らない文が出力されました。

　そこで、同様の手順でDALL-Eを用いて似た画像を生成して、編集しようと考えました。その送付した画像をChatGPTに分析させると、「キッチンのテーブルに座る子ども2名と女性」「女性が大きなプレートのクッキーを持っている」「子どもたちは食事を楽しみながら話している」「部屋には多くの家具と時計が見える」と文章が生成されました。この画像の子どもを「制服を着た日本人の小学生」、女性を「スーツを着て眼鏡をかけた、日本人の小学校教員」「小学校教諭が大きなプレートの上にクッキ

ーを持っている」に変更し、「ワイドアスペクト比」を付け加えて画像を生成しました。すると図2-17の画像が生成されました。しかし、絵本ではクッキーを2人、4人、6人と分けるために、12枚ちょうどにしなければなりません。そのため、画像のSeed値を指定し、クッキーの枚数を12枚にするよう指示しました。初めは12枚にできなかったため、再生成を行い「ちょうど12枚」という表現に変更したところ、図2-18の画像が生成されました。

図2-17　生成した画像1　　　　　図2-18　生成した画像2

　このように、かなり容易に自分の望む画像が生成できます。これを応用することで、その学級に合う導入を行うことができると言えるでしょう。

(3) 導入課題の工夫の実際

　生成AIを活用することで、授業の導入場面で用いる教材のカスタマイズが容易になり、児童生徒の興味を引き出す工夫を迅速かつ効果的にできるようになりました。教師が手作業で絵を描いて教材とする方法は、あまり現実的ではありませんが、生成AIを利用することによって短時間で実現可能になりました。また、特定教科や単元に合わせた導入を個別に作成することが容易になり、各クラスの特性に合わせた柔軟な対応が期待できそうです。他にも生成AIの活用において効果的なのは、教材作成の初期段階での「アイデア出し」です。まず、たたき台としてAIが生成する案を基にすることで、ゼロから考える負担が軽減され、より学級に適合した教材に調整し直すことができるようになりました。こうした工夫は、日々多忙な教員にとって有益ではないでしょうか。また、生成AIが提案する新しい視点やアイデアは、授業の質を向上させる助けとなることでしょう。

　一方で、生成AIの利用には課題も残されています。例えば、AIによる

画像生成やテキストの変換は非常に便利ですが、細かい部分での修正や調整が必要となることがあります。そのため、AIが生成した内容をそのまま使用するのではなく、教員自身が最終的な確認と修正を行う必要があります。また、生成AIの結果が必ずしも期待どおりでない場合も多々あり、その際には再生成を繰り返すなど別の方法を試す必要が生じます。

　生成AIを使用することで、導入場面での工夫を含めて授業準備の幅は広がりますが、全てのプロセスの自動化はまだ難しいでしょう。それでもAIを使ってみることで、教育活動の質が向上する見込みがあることは偽らざる実感です。今後、更に生成AIの精度が向上し、更に高度な処理が可能になれば、教育の質向上がより一層進むことが期待されます。

〈赤羽　泰〉

2　新規問題の作成の実際

　授業においては、「問題を解く」活動だけでなく「問題をつくる」活動を取り入れることで、学習内容への興味・関心を高め、学習内容の理解を深めることができます。一方で、新たな問題をつくるには、適当な条件を設定した上で、作成した問題が解答可能か否かを吟味して適宜修正する必要がありますが、それらは容易ではありません。そのため、新しい問題をつくることは難しく、多くの場合は教科書にある問題の数値や表現の変更を施したものにとどまりがちです。そうした現状において、授業に問題をつくる活動を取り入れる手段の一つとして、生成AIの活用が挙げられます。例えば、素案としての問題作成を生成AIに求め、その吟味・修正を行う活動が考えられるでしょう。本項では、ChatGPTを用いた問題作成の例を通して、一般の生成AIを用いた問題作成での注意点を確認します。また、確認した注意点に留意しつつ、ChatGPTを用いて作成した高等学校数学科の問題とその解答・解説を示します。なお、本項で紹介する活動の主体は、高等学校数学Ⅱを履修している生徒を想定しています。

(1)　新規問題の作成における注意点

　まず、生成AIを用いた問題作成における注意点について具体例で確認します。例えば「高校数学の範囲で、素数に関する整数問題を作成してください」というプロンプトをChatGPTに入力すると「n^2+1 が素数となるような自然数 n をすべて求めましょう」という文章が生成されました。これはAIが「ブニャコフスキー予想」という数学の未解決問題を基に生成したものと推察されます。n^2+1 が素数となるような自然数 n は無数に存在すると予想されていますが、現時点では証明も反証もされていません。数学という学問に対する興味・関心を高める上での話題にはできても、授業でそのまま取り上げることは難しいでしょう。このように、生成AIを用いた問題作成においては、作成された問題が解答可能であるか否かに注意する必要があります。しかし、この問題の解答をChatGPTで求めてみると $n=17$、23という回答が得られますが、これは明らかに誤りです。このようなハルシネーションに十分に注意する必要があります。

(2) 新規問題の作成と解答例

次に、高等学校数学Ⅱの単元「高次方程式」における生成AIを用いた問題作成例を紹介します。上述の注意点に留意しつつ、プロンプトを工夫して下記の内容を入力してみました。

> 次の条件を満たす数学の問題を3題作成してください。
> ＃高校数学の範囲で解くことができる。
> ＃3次方程式または4次方程式に関する問題である。
> ＃解に関する条件を含む。
> ＃3題はそれぞれ異なるタイプの問題である。

すると、次のような文章が生成されました。

> 【問題1】方程式の解と係数の関係に関する問題
> 方程式 $x^4 - 8x^3 + 18x^2 - 8x + 1 = 0$ の解のうち、少なくとも1つは1より小さい実数であることを示してください。
> 【問題2】特定の形の解を持つ方程式に関する問題
> 方程式 $x^3 + ax^2 + bx + 1 = 0$ が整数解と虚数解をもつとき整数 a、b の値を求めてください。
> 【問題3】特定の条件を満たす定数の問題
> 方程式 $x^3 + ax^2 + bx + c = 0$ は、少なくとも1つの虚数解をもち、その虚数解の実部が0であるとします。この情報をもとに実数 a、b、c について何がいえるか、考察してください。

これらの問題はいずれも解答可能な問題になったので、それぞれの問題の解答と解説を以下に示します。

① 【問題1】の解答と解説

方程式の解を求め、その解が1より小さい実数であることを示します。整式 $P(x)$ を $P(x) = x^4 - 8x^3 + 18x^2 - 8x + 1$ で定め、$P(a) = 0$ となるような数 a を探す方針を立ててみます。しかし、そのような a を有理数の範

囲で探しても見付かりません。すなわち、$P(x)$ は有理数係数の 1 次式を因数にもちません。そこで、次数に着目して、

$$(*) \quad x^4 - 8x^3 + 18x^2 - 8x + 1 = (x^2 + ax + b)(x^2 + cx + d)$$

が x についての恒等式となる整数の組 (a, b, c, d) を求める、という方針に切り替えます。$(*)$ の右辺を展開し、両辺を比較することで、

$$a + c = -8, \, b + ac + d = 18, \, bc + ad = -8, \, bd = 1$$

が得られるので、この連立方程式を解くことで、

$$(a, b, c, d) = (-4, 1, -4, 1)$$

と分かります。ゆえに、

$$x^4 - 8x^3 + 18x^2 - 8x + 1 = (x^2 - 4x + 1)^2$$

と因数分解できるので、$x^2 - 4x + 1 = 0$ を解くことで、方程式 $P(x) = 0$ の解が $x = 2 \pm \sqrt{3}$ と分かります。そして $2 - \sqrt{3} < 1$ より題意が示されます。

　紙幅の都合上、紹介にとどめますが、本題のように、降べきの順に整理された整式 $P(x)$ の係数が左右対称であるような方程式 $P(x) = 0$（いわゆる相反方程式）は $t = x + x^{-1}$ とおくことで、より低次の方程式に帰着して解くこともできます。テクニカルな解法なので、高校生にとって必ずしも自然な解法とは言えませんが、紹介してみてもよいでしょう。

② 【問題2】の解答と解説

　方程式 $x^3 + ax^2 + bx + 1 = 0$ は整数解をもつので、それを m とすれば、

$$(**) \quad x^3 + ax^2 + bx + 1 = (x - m)(x^2 + px + q) \quad (p, q \text{ は整数})$$

と変形できます。このとき、$x^3 + ax^2 + bx + 1 = 0$ は虚数解をもつので、$x^2 + px + q = 0$ の判別式について $p^2 - 4q < 0$ が成り立ちます。$(**)$ の右辺を展開し、両辺を比較することで、

$$a = -m + p, \, b = -mp + q, \, 1 = -mq$$

が得られます。ここで m, p, q は整数なので、$-mq = 1$ から、

$$(m, q) = (1, -1), (-1, 1)$$

となりますが、$q \leqq 0$ のとき $p^2 - 4q < 0$ は成立しないので、

$$(m, q) = (-1, 1)$$

が分かります。ゆえに $p^2 - 4q < 0$ より $p^2 < 4$ となるので、$p = 0, \pm 1$ すなわち、

$$(m, p, q) = (-1, 0, 1), (-1, \pm 1, 1)$$

となります。あとは、それぞれの場合について、(**)の右辺を展開し、両辺を比較することで$(a, b) = (0, 0), (1, 1), (2, 2)$と分かります。

③ 【問題3】の解答と解説

方程式$x^3 + ax^2 + bx + c = 0$は少なくとも一つの純虚数を解にもつので、それをpi(pは0でない実数)とすれば、その共役複素数$-pi$も解となります。ゆえに、

$$(***) \quad x^3 + ax^2 + bx + c = (x - r)(x^2 + p^2) \quad (r\text{は実数})$$

と変形できます。(***)の右辺を展開し、両辺を比較することで、

$$a = -r, b = p^2, c = -p^2 r$$

が得られます。文字p, rを消去することで、$c = ab (b > 0)$という関係式が導かれます。逆に、(***)においてこの関係式が成立するならば、

$$x^3 + ax^2 + bx + c = (x + a)(x^2 + b)$$

と因数分解できるので、$x^3 + ax^2 + bx + c = 0$は純虚数$\pm \sqrt{b}i$を解にもつことになります。したがって、(***)が少なくとも一つの純虚数を解にもつための必要十分条件は、$c = ab (b > 0)$が成り立つことだと言えます。

(3) 生成AIを用いた新規問題作成の振り返り

上記のように、プロンプトに織り込む条件を精査したことで、ChatGPTで解答可能な新たな問題を作成できました。このように生成AIを用いた問題作成を行う中で、プロンプトとして入力する条件を工夫しなければ適切な問題が出力されないこと、すなわちプロンプトエンジニアリングの重要性に気付くでしょう。その一方で、プロンプトを工夫しても必ずしも適切な問題が作成されるとは限りません。そのためAIが作成した問題はあくまで「素案」という位置付けであり、吟味した上で適宜修正する必要があります。これらの一連の活動は、問題の本質を捉える力の育成に寄与することが期待できます。また、一連の活動をグループで行い、作成した問題の解答を協議・検討し、振り返りを行うことで、数学的なコミュニケーション活動を充実させることもできます。こうした活動は、発展的・創造的な学習を実現するための契機となるでしょう。

〈松澤 翔太〉

3　模範解答の導出の実際

　児童生徒が授業で学んだ内容を定着する上で大切なことの一つとして、練習問題に取り組み、自分の学びを吟味する活動が挙げられます。家庭学習や自主学習においても、苦手な問題を繰り返し解いたり、解けない問題に出会ったときには解説を読んだりして検討しつつ丁寧に学んでいけば、その定着が図れるでしょう。しかし、全ての練習問題の解答が各児童生徒の学習状況には合致しないことが往々にしてあります。個に応じた模範解答を用意することは難しく、もし準備しようとしたら、本質的な教材開発が疎かになりかねません。そこで本項では、児童生徒が自らの理解を深めることを目的とした分かりやすい模範解答を生成AIで導出する活動について述べます。具体的事例として、中学校1～3年生の数学の模範解答の導出を取り上げます。活用する生成AIはGoogle Geminiです。

　中学校数学の一次方程式の練習問題の模範解答を導出するために、次のようなプロンプトを入力しました。出題した問題は、係数や定数項に小数や分数が混ざった方程式で、中学校第1学年の生徒にとってやや難しさを感じることが多い問題の一つです。

次の方程式を解きなさい。
$-0.3x + 2 = 0.1x + 1.5$

この問題に対してGoogle Geminiは次のように回答しました。

方程式 $-0.3x + 2 = 0.1x + 1.5$ を解く
手順　1. 同類項をまとめる
　　　2. 変数xについて解く
　　　3. 答えを確かめる
解答　1. 両辺から$0.1x$を引く
$$-0.3x + 2 - 0.1x = 0.1x + 1.5 - 0.1x$$
$$-0.4x + 2 = 1.5$$

2. 両辺から 2 を引く
$$-0.4x + 2 - 2 = 1.5 - 2$$
$$-0.4x = -0.5$$
3. 両辺を -0.4 で割る
$$\frac{-0.4x}{-0.4} = \frac{-0.5}{-0.4}$$
$$x = 1.25$$

答え　$x = 1.25$

答えの確認

元の式に $x = 1.25$ を代入してみましょう
$$-0.3 \times 1.25 + 2 = 0.1 \times 1.25 + 1.5$$
$$-0.375 + 2 = 0.125 + 1.5$$
$$1.625 = 1.625$$

両辺が等しいので、$x = 1.25$ は正しい解であることが確認できました。

数学上の解法としての式変形だけでなく、その手順を示しつつ自然言語で代入の意図や式の意味を解説しています。この回答を起点として、プロンプトの条件を増やしていくと、多くの生徒にとって更に理解しやすく学習内容を再確認できる模範解答や問題解説が生成されていきます。こうした簡単な事例を見るだけでも、分かりやすい模範解答や解説を生成しようとする際には、より「具体的に」内容を伝える指示が必要になります。生徒が主体的に学ぶ場面で、自分にとって分かりやすい模範解答を生成するには、学習内容の本質を自ら見いだして、プロンプトに示していかなくてはならないのです。

次に、単純な計算問題だけでなく、いわゆる文章問題ではどのように解答するのか見ていきましょう。次のようなプロンプトを入力しました。

次の問題を解きなさい。
連続する 3 つの正の整数がある。大きい方の 2 つの数の積が、もっとも小さい数より 10 大きくなるとき、これら 3 つの整数を求めなさい。

するとGoogle Geminiの回答は次のようになりました。

3つの連続する正の整数を、$a, a+1, a+2$とします。このとき、$(a+2) \times (a+1) = a+10$が成り立つ3つの整数を求めましょう。
与えられた式を解くと、
$$a^2 + 2a - 8 = 0$$
$$(a+4)(a-2) = 0$$
となります。
上の式から、$a = -4$または$a = 2$となります。
$a = -4$の場合、$a+1 = -3, a+2 = -2$となり、3つの数は$-4, -3, -2$となります。しかし、これは正の整数ではないので、この解は不適です。
$a = 2$の場合、$a+1 = 3, a+2 = 4$となり3つの数は2, 3, 4となります。これは正の整数であり、与えられた条件を満たすので、正解となります。

このように、文章問題の模範解答も的確に生成しており、また解の吟味も正しく行われていました。

ここまで生成AIによる模範解答の導出について見てきましたが、実は現時点での生成AIは全ての問題を正確に解答できるとは限りません。その具体例を示します。例えば、次のような連立方程式を解く上でのプロンプトをシンプルに入力してみます。

次の連立方程式を解きなさい。
$$\begin{cases} 7x - 2(y-3) = 18 \\ 3x - 4y = 2 \end{cases}$$

一見、AIであれば的確な模範解答を生成してくれそうな問題ですが、Google Geminiの解答は、$x = 4, y = 3$でした。これは誤答です。何度かプロンプトを変更して何とかこの問題の模範解答を生成するように試みま

したが、残念ながら正答を生成できませんでした。生成AIは、中学校数学の問題の模範解答を、あたかも正しいかのように生成します。実際、多くの場合、信用できそうな解答が出力されます。しかし、少なくとも数学問題の模範解答を生成させる場合、その使用者である生徒は、生成AIの解答が正しいか否かを冷静に吟味する必要がありそうです。

　自分にとってより分かりやすい模範解答を生成するために、プロンプトを具体的に精査していくことで、問題の本質を見極め、論理的に情報を整理する能力を身に付けていくことが期待できます。こうしてみると、生成AIは単なる解答生成ツールではなく、児童生徒が主体的に学習に取り組み、論理的思考力を育む上での強力なツールとなっていくことでしょう。

　従来の数学の自学自習では、問題集や参考書に掲載されている模範解答を見ながら理解を深めていくことが常道でした。しかし、生成AIの登場により、生成AIが出力した模範解答が適切かどうかを吟味する活動が近年生まれました。「模範」解答であるはずなのに信頼できないこと、人工知能たる生成AIが安価な電卓でもできる計算を間違えることに、腹立たしいというよりは驚きと興味を感じます。実際、多くの中学生らは現行のChatGPTが小学生でもできる4桁×4桁の計算を間違えることに驚嘆します。生成AIが「その後に続く可能性の高い文字を選ぶ」という基本的仕組みで動いている以上、頻出問題の解答は得意な反面、個別特殊な問題に対して整合性をもった厳密解を導出するのが構造的に不得手なのです。例えば小原（2023）は、生成AIの構造的な不得手を前提として出力された解答の不完全性を数学教育の契機として捉える試みを提起しています。この発想に倣えば、生成AIの不完全性を逆手にとって模範解答をつくり上げる活動は、「確かな根拠に基づいて正しく判断する」という論理的思考を育成する上で役立つ興味深い学びになるでしょう。

〈小平　理〉

4　評価規準の設定の実際

　評価規準は、観点別学習状況の評価を的確に行うために、観点ごとに定めるものであり、学習指導要領に示す目標の実現の状況を判断するために用います。子どもが学習活動を通してどのような資質・能力を身に付けたのかを捉えるとともに、自身の指導の改善を図るためにも、その判断のよりどころとなる評価規準は大切なものになります。

　また評価規準は、その妥当性や信頼性を高めるためにも、事前に教員同士で検討することで明確化を図ることが望ましいと言えます。ただ、昨今の教員を取り巻く環境を鑑みますと、評価規準を一から作成して教員同士で練り上げるためのまとまった時間を確保することは簡単ではありません。そのため、本項では生成AIを活用して評価規準を生成し、それを基に「目標」と「評価」の整合性についてタキソノミー・テーブル（Taxonomy Table）を用いて分析することを試みました。

　タキソノミー・テーブルとは、ブルームのタキソノミーを改訂した、授業を分析するためのツールで、表2-2のように縦軸を知識次元、横軸を認知プロセス次元として教育目標を分類した表です（アンダーソンら，2023）。

表2-2　タキソノミー・テーブル

知識次元	認知プロセス次元					
	1 記憶する	2 理解する	3 応用する	4 分析する	5 評価する	6 創造する
A 事実的知識						
B 概念的知識						
C 手続的知識						
D メタ認知的知識						

(1)　生成AIにおける評価規準の作成

　今回は、生成AIを用いて、小学校第4学年の総合的な学習の時間に行う防災教育の目標に対し、評価規準を作成します。その上で、目標がどの程度達成されたのかを評価し得る判断の規準であるか、整合性から考えま

す。また、この防災教育の「目標」は次のようになります。

> 防災備蓄庫の備蓄品など、災害時に必要なこと・ものを調べて作ることを通して、災害時の大変や防災に尽力される人の思いを受け止め、相手意識をもって伝える力を伸ばすとともに、防災グッズの良さを知り、自分たちにできることを考え実践することができる。

　生成AIには、Google DeepMindのGeminiを使用し、目標とともに次のようにプロンプトを入力しました。なお、評価規準については「概ね満足できる」を基本としていますが、詳しくは第1章第1節4を参照してください。

> この目標を達成するために、小学校4年生に防災教育を行います。「知識・技能」、「思考・判断・表現」、「主体的に学習に取り組む態度」について、「概ね満足できる」と判断するための評価規準をつくってください。

　Geminiが生成した「知識・技能」や「思考・判断・表現」「主体的に学習に取り組む態度」の評価規準は次のようになります（数字は著者が加筆）。

1　知識・技能
　・災害の種類、メカニズム、被害の特徴を理解している。（1-1）
　・災害発生時の行動方法、避難経路、避難場所を理解している。（1-2）
　・防災備蓄品の役割、種類、適切な使用方法を理解している。（1-3）
　・防災グッズについて調べ、その良さを理解している。（1-4）
　・簡単な防災グッズを作ることができる。（1-5）
2　思考・判断・表現
　・災害時の状況を想定し、適切な行動を考えられる。（2-1）
　・自分の考えを筋道立てて説明できる。（2-2）
　・相手の立場や理解度を考慮して、分かりやすく説明できる。（2-3）
　・防災に関する情報を収集し、分析し、まとめることができる。（2-4）

・防災について調べたことを発表できる。(2-5)
3　主体的に学習に取り組む態度
・積極的に学習に取り組む。(3-1)
・課題に対して粘り強く取り組む。(3-2)
・協調性をもって活動できる。(3-3)
・防災について関心を持っている。(3-4)
・防災に貢献したいという気持ちが芽生えている。(3-5)

(2)　タキソノミー・テーブルによる整合性の分析

先述の目標を次の「目標1」〜「目標3」に分け、タキソノミー・テーブルに配置すると表2-3のようになります。なお、「防災備蓄庫の備蓄品など、災害時に必要なこと・ものを調べて作ること」は方法に関することになります。

・目標1：災害時の大変や防災に尽力される人の思いを受け止める（知識及び技能）
・目標2：相手意識をもって伝える力を伸ばす（思考力、判断力、表現力等）
・目標3：防災グッズの良さを知り、自分たちにできることを考え実践する（学びに向かう力，人間性等）

表2-3　目標のタキソノミー・テーブルへの当てはめ

知識次元	認知プロセス次元					
	1 記憶する	2 理解する	3 応用する	4 分析する	5 評価する	6 創造する
A 事実的知識		目標1	目標3			
B 概念的知識						
C 手続的知識			目標2			
D メタ認知的知識						

ここで、「目標1」は事実的知識を理解すると考えられますので、表のA2に配置されます。同じように、「目標2」は手続的知識を応用するためC3に、「目標3」は事実的知識を応用するためA3に配置されます。

更に、Geminiが生成した評価規準のうち、「知識・技能」に含まれる

ものを「規準1-1」〜「規準1-5」、「思考・判断・表現」に含まれるものを「規準2-1」〜「規準2-5」、「主体的に学習に取り組む態度」に含まれるものを「規準3-1」〜「規準3-5」とします。このとき、「規準1-1」〜「規準3-5」をタキソノミー・テーブルに配置したものが表2-4になります。

表2-4 目標と評価規準の整合性

知識次元	認知プロセス次元					
	1	2	3	4	5	6
A		目標1 1-1, 1-2, 1-4	目標3			
B						
C		1-3	目標2 2-2, 2-5, 3-1, 3-2, 3-3, 3-4, 3-5	2-4		1-5
D			2-1, 2-3			

タキソノミー・テーブルを用いて分析を行うと、まず「知識及び技能」に関する「目標1」に対し、「規準1-1」と「規準1-2」「規準1-4」は強い整合性があると言えます。次に「思考力、判断力、表現力等」に関する「目標2」に対し、「規準2-2」と「規準2-5」は強い整合性があると言えます。このように、目標を明確にした場合、生成AIも有用性のある評価規準を生成できることが分かります。一方で、「学びに向かう力、人間性等」に関する「目標3」に対し、「規準3-1」〜「規準3-5」はC3に配置されます。そのため、「学びに向かう力、人間性等」についてはむしろ目標を見直す必要があると言えるでしょう。

今回は、防災教育について設定した目標が達成されたかを判断するための評価規準を生成AIで設定することを試みました。各授業については、その目標を子どもが達成するための方法を考えていくとよいでしょう。

〈川之上 光、北島 茂樹〉

Column

生成AI観はどう変わるのか

　近年、生成AIに関する様々な報道が多く見られます。児童生徒たちは生成AIに対してどのような意識をもっており、それはどう変わるのでしょうか。このコラムでは一つの事例をご紹介します。

　中学校第3学年の国語科の授業において、生徒自身がChatGPTを使って文章をつくり、それを批評し合う活動を行いました。ChatGPTの利活用には年齢制限がありますので、事前に保護者から承諾を得た上で実施しました。まずは授業前に、生成AIに対する印象を問うアンケートを実施し、〈肯定的〉と〈否定的〉の範囲で印象を記述してもらいました。その結果、全体的にやや〈否定的〉な生徒が多い傾向にありました。次に、研究授業を実施してChatGPTを活用した「中学生が心温まるものがたり」づくりを行いました。生徒は班ごとに分かれてChatGPTに入力するプロンプトを検討しました。

　例えば、ある班では「心温まる」の意味の吟味からChatGPTとの壁打ちを始めました。生徒が「心温まるとはどういうことか」と入力すると「絆、感謝、喜び、感動」という回答がありました。そこで次に「絆、感謝、喜び、感動が感じられる中学生のお話とはどんな物語か」と入力すると、「中学生」という単語に影響されて、中学生が主人公の物語に限定されてしまいました。そこで生徒はプロンプトを「絆、感謝、喜び、感動が感じられる物語を教えて」と変えると、概ね満足できる平和の物語を得ました。しかし、生徒らはより深く物語の在り方を検討しようと思い、「心温まる」とは正反対である「最悪の展開の物語を作って」と入力しました。最悪な展開から最高の展開に変わっていくことが物語の面白さの秘訣ではないかと考えたのです。生徒は更に「残酷な事件からハッピーエンドへとつながる、泣けるんだけど、絆、喜び、感謝が伝わり、最後には心温まる中学生が出てくる物語を作って。」というプロンプトを入力しました。この入力に対する回答を基に、生徒は細かい表現や登場人物の名前などを10回以

上修正していきました。結果として生徒が最終的に作成した「心温まるものがたり」の概要は次のとおりです。

> 　中学生の太郎が、思い悩んでいる様子で、学校帰りに公園のベンチに一人で座っていた。公園の池に住むワニが、ベンチに座る太郎をじっと見つめていた。そのことに気づいた太郎は驚いたが、ワニに話しかけてみようと思った。「こんにちは、君はワニだね。どうしてこんなところにいるの？」ワニは少し緊張しながら「私はこの公園に住んでいるんだ。君の心に重いものがあるようだけど、話を聞かせてもらってもいいかな？」とこたえた。
> 　ワニの言葉に驚いた太郎だったが、心を開いて自分の悩みを打ち明けた。ワニは静かに太郎の話を聞き、共感しながらうなずいていた。そしてワニは「太郎君、悩みは一人で抱え込まずに分かち合うことが大切だよ。私も一人でいるときは寂しいけれど、君と話すことで心が温まった。」と話した。太郎はワニの言葉に救われた気持ちでいっぱいになった。太郎は、ワニと会話して自分が一人じゃないことを感じたのだ。この日以来、太郎は毎日、公園でワニと会って話をするようになった。太郎はワニと交流することで、喜びや感謝の気持ちを見いだしたのだ。ワニも太郎との絆を大切にして、太郎に寄り添い続けた。

　この授業直後に、生徒に対して、生成AIに対する印象を問うアンケートを再度行いました。その結果、〈肯定的〉に捉える生徒が全体的に増えました。その反面、肯定から否定へと印象を変えた生徒もいました。授業後に否定的な印象に変わった生徒は、「生成AIが思ったほど賢くなかった」「使えなかった」と回答していました。1学級という少数での調査であったので統計的な定量分析は行わず、その感想を定性的に捉えましたが、生徒の生成AI観ともいうべき意識は授業によって確かに変わりました。

　生徒が初めて生成AIを活用するときに、プロンプトの要件を定めたり、観点を増やしたりして、対話を深める教育的支援によって壁打ちを促すことが必要であり、そうした授業計画に基づいた活動を通してこそ、偏らない経験に裏付けられた生成AI観をもつことができるでしょう。

〈宮島　衣瑛〉

第3節　家庭学習はどう変わるか？

1　生成AIによる教育格差の低減

　近年の新自由主義的政策の進展を背景とした格差の拡大、あるいは格差の可視化は教育の分野においても例外ではありません。具体的には、居住地、学校選択、私立学校進学、高等教育の学費負担、家庭教育や学校外教育といった面で格差が生み出されていると指摘されています。明治期より始まった日本の学校教育は、本来身分や貧富の差といった子どもの家庭背景や家庭環境を問わない場として設計されたものです。学習集団内で、家庭環境によって成績の高低が生じる事態をなくすことが学校教育には求められてきました。しかしながら、今日においても家庭環境、特に家庭の経済状況が教育機会に直接に影響するという現実があります。ベネッセ教育総合研究所（2017）によると、子どもの学校外教育活動にかける費用は、年収800万円以上の世帯と400万円未満の世帯では3倍の開きがあることが明らかになっています。また同調査では、中学校第3学年時点での家庭学習活動と教室学習活動（学習塾など）にかける費用の合計が平均で1か月につき21,700円にのぼることが示されています。このように、家庭内外での学習機会の格差、教育費用の格差によって子どもが不本意な進学をするケースや、進学を断念したり、中途退学することを余儀なくされたりするケースが近年改めて問題となっています。こうした格差が固定化することは社会全体の健全な持続可能性を低下させてしまう事態を招きます。本項では、こういった教育格差を低減させるツールとして生成AIはどのように利活用できるかを見ていきます。

　日本において学校教育への生成AIの導入は初等中等教育ではすでに教材の作成段階から授業内まで多様な場面で試みられています。また、高等教育においては学生が生成AIを利用する際のガイドラインを策定する大学が増加し、「生成系AIは自然な対話が可能なツールであり、授業で分からないこと、知りたいことを友人に相談する感覚で『参考』にすることが

可能です」（近畿大学, 2023）というように、条件付きではあるものの利用を認めているところが増えています。もはや、教育現場における生成AIは、議論の段階を過ぎ、利活用が前提となっていると考えられます。先述した家庭内外での学習を取り巻く格差の低減に向けて、生成AI導入がその一翼を担うことができるでしょうか。

　大前提となるのが子どもの生成AIへのアクセス方法です。かつては家庭によってICT環境に大きく開きがあるといった、いわゆる情報格差（デジタル・ディバイド）が大きな課題でした。現在ではGIGAスクール構想の進展によって児童生徒に1人1台のパソコンやタブレット端末が配布されており、機器類所持の有無というハード面での格差は比較的解消されています。ネットワーク環境があれば、家庭の経済状況によって塾や予備校などのリソースにアクセスできない子どもであっても、生成AIを相手に質問をすることで優れた先人らと対話する疑似経験ができるのです。言い換えれば、テクノロジの進化によって家庭環境を問わず誰もが「自分だけの家庭教師」を得ることができるようになったということです。

　図2-19は、中学校で習う英文法について実際にChatGPTに質問したやり取りです。なお、図中の「Yusuke」は人名であり、レイアウトは一部編集しています。

　やり取りの過程にもあるように、口語表現を用いて質問をすることや、自らの理解に応じた練習問題を作成してもらうことも可能です。また対話型で学習を進めることができるため、学習者の状況を無視してステップが先々に進むことなく、質問内容に対応した説明を受けることができます。もちろん、説明に使われる語句の平易さや全体的な分かりやすさについては、現状では人間に及ばない面もあります。しかし、生成AIが日々進化を続けていることを踏まえれば、いずれは大手学習塾講師や家庭教師に準じた指導や膨大な知識量による個々に最適化された指導を受けることが可能となるでしょう。

　また、現時点において経済的な面以外でも、生成AIが特に優れている部分もあります。それは、時間による制約や感情による制約を受けないところです。これは第1章第1節1「生成AIは教員になれるのか？」にお

🐱 **You**
Yusuke love you という英文はどうして Yusuke loves you にしないといけないの？

⑤ **ChatGPT**
英語では一般的に、動詞には主語の人称や数に合わせた形が使われます。つまり、「Yusuke love you」では動詞の形が主語に合っていません。正しい文法では、三人称単数の主語（Yusuke）に対しては動詞に-sを付けて使います。そのため、「Yusuke loves you」となります。この形にすることで、文法的に正しい英文になります。

🐱 **You**
三人称単数ってなに？

⑤ **ChatGPT**
三人称単数とは、英語の文法用語で、動詞の使い方に関連しています。主語が三人称（he、she、it、または人名や単数の名詞）であり、単数形である場合を指します。具体的には以下のような場合です：

- he（彼）、she（彼女）、it（それ）などの代名詞や、人や物の名前が主語の場合。
- 単数の名詞（例えば、cat（猫）、dog（犬）、desk（机）など）が主語の場合。

例えば、次のような文では、主語が三人称単数になっています：

- He loves playing basketball.（彼はバスケットボールをするのが好きです。）
    - 主語は "he"（彼）、動詞 "loves"（愛する、-sが付いているので三人称単数形）。

このように、英語では主語の人称や数によって動詞の形が変化します。三人称単数の主語に対しては、一般的に動詞に-sが付くことが特徴です。

🐱 **You**
Yusuke love you は通じないの？

⑤ **ChatGPT**
「Yusuke love you」という表現は、文法的には正しくありませんが、コミュニケーションの文脈によっては意味が通じることもあります。ただし、通常の正しい英文としては「Yusuke loves you」という形が使われます。

日常会話や非公式の文脈では、文法が完璧でなくても意図が伝わることがありますが、正確な英文として学習やビジネスなどで使用する場合は、「Yusuke loves you」のような形にすることが望ましいです。

英語の文法では、三人称単数の主語（Yusuke）に対しては動詞に-sを付けることが一般的なルールです。したがって、「Yusuke loves you」は、文法的に正しい形であり、正式な文書やコミュニケーションにおいて使われるべき形です。

🐱 **You**
三人称単数を正しく使えるようになるための練習問題を出して

⑤ **ChatGPT**
三人称単数を正しく使えるようにするための練習問題をいくつか用意しました。各文の空欄に適切な動詞の形を入れてください。

答え：

1. She _____ (like) to read books in her free time.
2. He always _____ (play) the guitar after dinner.
3. The cat _____ (sleep) on the couch right now.
4. My sister _____ (study) French at university.
5. It _____ (rain) a lot in this area during the spring.

1. likes
2. plays
3. is sleeping
4. studies
5. rains

これらの練習問題を使って、三人称単数の動詞の形に慣れることができます。主語が「she」、「he」、「it」、または単数の名詞である場合は、動詞に-sを付けることを覚えてください。

図2-19　生成AIに英文法について質問した際のやり取り

いて示された「(現行の) 生成AIは人格的インターフェイスをもたないゆえに教'員'にはなれても教'師'にはなりがたい」という小原氏の見解とは必ずしも一致しません。教育活動におけるミメーシス (敬愛的同調) を起こさないゆえの限界という指摘をむしろ逆手にとって解釈することで、生成AIを学校外で活用しようという展望です。家庭教師や個別指導を利用する場合、教える側との距離が近いため、質問へのハードルはそれほど高くありません。とはいえ、何度も同じような質問をすることは、時間が限られている上に教える側への遠慮や申し訳なさといった感情が生じてしまいます。そのため、結局分からないところを十分に理解できないまま気遣いで先に進めてしまうことは、実際の教育現場においてしばしば見られることです。その点、生成AIは同じ質問を何度しても疲れることも呆れることもなく、粘り強く返答してくれます。しかも、従来のChatbotのように同じ質問には同じ答えをオウム返しするのではなく、理解を促すように毎回説明の仕方を変える柔軟さももっていることも大きな特徴です。

　生成AIの登場は、学校内での教育だけでなく、家庭教育においてもゲームチェンジャーとなる可能性を秘めています。生成AIが手軽かつ安価に利用できるものである限り、その利活用によって教育格差、とりわけ経済状況や居住地に伴う格差を縮小させることができるでしょう。そのためには学校教育において、全ての子どもに対して、生成AIの特性や利用方法についてのきめ細かい指導を行うことがますます重要となります。どれだけ生成AIが発展しようとも、人間の教育者が果たすべき役割は多く、その責任もまた大きいのです。

〈前田　裕介〉

2　生成AIによる反転学習とは

　反転授業（Flipped Classroom）とは、授業で行う個別基礎的な内容を児童生徒が家庭などで授業前に予習し、それを前提に授業時間では協働的で探究的な学びを行う教育方法です。教育方法として反転授業を推進することは、児童生徒一人一人の学びの質を高めるアプローチを意味しています。

　反転授業あるいは反転学習とは、一般的には、教員が事前用意した映像（大抵10分程度）を児童生徒が授業前に視聴し、それを前提とした授業を行うものです。本来、基礎知識や基本技能は学校で習得し、家庭を含めた学校外の実社会でその応用を考えるのが通常の学習展開ですが、まさにその逆を行うことが反転授業の「反転」たる所以です。

　生成AIの登場により自学自習の方法は大きく飛躍しました。例えば、英会話の相手として対話する、算数・数学の計算方法や公式の意味を具体的に説明してもらう、社会文化的なトピックについて歴史的側面から解説してもらうなど、その可能性は多岐にわたります。

　反転学習における生成AI活用は、教員の負担を最低限にしながら基礎的内容の要点を押さえる点にメリットがあります。もちろん、従来の調べ学習とは異なり、教員と児童生徒が共に生成AIの利点と欠点（限界）を理解して正しく利用する必要があります。本項では二つの事例を紹介します。

(1)　小学校第6学年理科の事例

　図2-20はMicrosoft Copilotを利用して、「月の形の見え方」についての反転学習を想定したものです。なぜ月の形が変わるのかを文章で出力していますが、画像のない説明は視覚的情報に乏しく、イメージがつかみにくくなっています。しかし、Copilotは回答した内容の注釈として参照情報及びリンク先を明示する機能があるため、そちらからより詳細な説明や画像による説明を確認することができます。教員は学年を考慮しつつ、授業では基礎内容をきちんと理解しているかを確認し、例えば応用として「月食」を事例にしながら、いわゆる児童の「分かったつもり」を解消していくと、より発展的な内容へと進むことができるでしょう。

　小学生を対象とした生成AIによる反転学習の場合、事前学習を肯定し

図2-20 「月の形の見え方」の回答（Copilot）

つつ、授業では児童の概念理解を促す協働的・探究的な学びにおいて正しい理解を身に付けることが期待されます。

(2) 高等学校世界史の事例

図2-21はChatGPTに歴史教育に特化した「History」というプラグインを行った上で、「産業革命期の人々の暮らし」についての反転学習を進めることを想定したものです。

ChatGPTはMicrosoft Copilotと異なり、回答に対する参照情報やリンク先が明示されておらず、いかなる資料を根拠にして回答しているかが不明瞭です。そうしたデメリットはありながらも、図2-21で示しているように、プラグインをうまく利用することで、その専門分野に特化した内容を回答させることが可能となっています。無償版のChatGPTでも反転学習に必要な回答は出力されますが、有償版に切り替えた上で様々なプラグインを用いて、更に柔軟かつ専門的な回答の出力が可能となります。

高校の歴史教育においては、つい記憶偏重になることが懸念されます。しかし、こうした生成AIへの問いかけによって事象の要点が整理され、歴史的思考力や社会科学の概念を学ぶ上での基礎を知ります。その上で、授業では産業構造や社会構造の変化に関するミクロな点を追究すると、歴

> **You**
> 産業革命期の人々の暮らしについて教えてください
>
> **History**
> 産業革命は、18世紀後半から19世紀にかけて主にイギリスで始まり、後にヨーロッパ、北アメリカ、そして世界の他の地域に広がった歴史的な変化の時期でした。この時代には、農業社会が工業社会へと大きく変貌し、人々の生活様式にも劇的な変化が生じました。
>
> **生活条件**
> 産業革命によって、多くの人々が農村から新しく工業化された都市へ移住しました。これにより、都市は急速に拡大し、住宅は密集し、しばしば衛生状態が悪いスラムが形成されました。多くの工場労働者やその家族は、劣悪な住宅で暮らしており、清潔な水のアクセスが限られ、疫病の発生が頻繁にありました。
>
> **労働条件**
> 工場での労働は非常に厳しく、労働時間は長く（1日12時間以上が普通）、週6日の労働が一般的でした。子供や女性も工場労働に従事することが多く、安全対策が不十分な環境で重労働を強いられました。これらの条件は、後の労働法改革の動きに火をつけることになります。
>
> **社会構造と文化**
> 産業革命は社会構造にも変化をもたらしました。新たな中産階級が台頭し、工業資本家や専門職の人々がその階級に属しました。同時に、労働者階級も形成され、しばしば困難な条件下で生活していました。
>
> 文化面では、文学、芸術、教育が変化しました。例えば、チャールズ・ディケンズやエリザベス・ギャスケルのような作家は、産業社会の暗部をテーマにした作品を多く残しています。
>
> **長期的な影響**
> 産業革命は経済的な面だけでなく、社会的、環境的にも長期的な影響を与えました。都市化、社会の階層化、環境問題など、今日に至る多くの現代的課題の原点となっています。
>
> この時代の人々の暮らしについての議論は、現代社会を理解する上で非常に重要です。産業革命がもたらした変化を通じて、現在の労働法、都市計画、社会福祉の基礎が築かれました。
>
> 産業革命に関してさらに詳しく知りたい点や、他の歴史的事件についても知りたい場合は、ぜひお聞きください。

図2-21 「産業革命期の人々の暮らし」についての回答（ChatGPT）

史展開や用語を覚えることにとどまらず、探究的な学びが可能になります。授業の展開部で行っていた基礎的な説明を生徒による反転学習に委ね、授業では協働的・探究的な学びを展開することによって暗記偏重による歴史教育への一つの改善案となり得るでしょう。

このように、生成AIを用いた反転学習にはこれまでにない事前学習を可能とする一方、様々な課題が指摘できます。第一に、反転学習では生成

AIによるハルシネーションへの対応を万全にしがたいことです。自力で学んだ基礎内容に虚偽や錯誤が入っていた場合、授業においてその修正が必要となり、かえって混乱を起こす可能性があります。第二に、反転学習そのものが児童生徒の自発性に委ねられる点です。授業を反転学習を前提として構成する場合、児童生徒による自発的な作業が必要となるため、中には授業外での学習をしてこない場合も発生します。その場合、授業がうまく成立しない可能性もあり、対応が難しくなります。第三に、生成AIを利用するに当たっての年齢制限です。Copilotは未成年の場合は保護者の同意の上で利用できますが、2024年5月現在ChatGPTは13歳以上（18歳未満は保護者の同意）となっており、自学自習に用いることが困難です。

　このように様々な課題が指摘できますが、それでも生成AIを新たな「文房具」として積極的かつ慎重に使う姿勢こそが重要です。生成AIの仕組みに関する正しい理解の上で、ハルシネーションのリスクやプロンプトの大切さを知り、その学校内外での利活用を進めることで、反転学習の主旨を生かした家庭など授業外での自学自習が正しく展開できるでしょう。

〈栗原　峻〉

3　生徒による知的「壁打ち」

　生成AIが日常化した現代において、授業だけでなく家庭学習の場面で生徒たちはどのように生成AIを利用すればよいのでしょうか。家庭学習では、例えば、宿題のように一律的に行うものや、予習・復習、レポート作成のように各自の独自性や必要性に伴う取り組みが考えられます。必要な知識を得るためだけに生成AIを利用するだけでは、辞書を引いたりネット検索をしたりすることと同じです。生成AIと共に生きる現代は、新たな価値を生み出す創造力の育成が求められています。授業では単に生成AIを利用するだけでなく、「人間ならではの強み」を意識した実践が行われています。決まった解き方がある問題を繰り返して解いたり、計算手続きの反復のみにとどまったりする学習ではなく、生徒なりの試行錯誤を伴いつつ、他者と意見交換したり協働したりしながら問題を解決するなど、主体的な学習が実践されています。生徒はどのように生成AIと向き合いながら学習を進めればよいのでしょうか。中学2年生がMicrosoft Copilotを用いて数学の一次関数に関する学習の振り返りを行う場面を事例に検討します。

(1) 生成AIと会話を重ね、共に議論する事例

　一次関数に関する考査問題の振り返り学習に取り組んだ生徒が、生成AIの回答にとまどう場面がありました。問題は「二元一次方程式 $2x+y=6$ の解である x、y の値の組を座標とする点について、解の組が無数にあるかどうか」です。生成AIは「解が無数にある」ではなく、「解が1つ」や「解が2つ」と回答しました。生徒は生成AIが誤っていることに気付いたので、いくつかの質問を重ねることで、最終的には生成AIが「解が無数にある」という回答にたどり着くことに成功しています。

　生徒は生成AIがいつも正しい回答をするわけではないということを知識としては知っていますが、教科書や問題集の類似問題でこのようなことが起こるとは想像していませんでした。以下は、誤った回答をした生成AIと生徒の質問のやり取りの一部です。ただし、実際の生成AIの回答は長文のため、概要のみ記しています。

生成AI：解の組の座標の個数は2つです。

生徒：その2つの座標を教えてください。

生成AI：$(0, 6)$と$(3, 0)$です。

生徒：x切片とy切片について問うわけではありません。$2x + y = 6$において(x, y)にあてはまるすべての解について聞いています。改めて考えて答えを出してください。

生成AI：この方程式のグラフ上には2つの交点があり、それぞれの座標は$(0, 6)$と$(3, 0)$です。

生徒：このグラフ上のx軸とy軸との交点の数は2つで合っています。しかし、交点の数ではなく、直線上にx, yを満たす座標の点（つまり、x, yの組を満たす解の個数）の数を聞いています。もう一度考え、答えを教えてください。

生成AI：この方程式の解の個数は無限にあります。直線上のすべての座標が$2x + y = 6$の解となります。

　特徴的なのは、生徒が生成AIの誤っている点を指摘しつつ、問題の内容を補足しながら考察すべき内容を焦点化して、生成AIと会話を重ねている点にあります。同じ文章を読んでいても、生徒が読み取った内容と生成AIが読み取った内容にずれがあるかもしれないことを認識し、生成AIの回答に伴う思考のずれを埋めるような問いを生徒が追加質問することで、生成AIは正しい回答にたどり着きました。このやり取りを経験した後、生徒は次のような感想を述べました。

「生成AIが間違った答えを出してしまっても、正しい回答に修正していくうちに、自分の考えも整理されていった。自分が生成AIに間違った部分を聞き直すことで、自分の理解も深まっていった」

　生成AIが誤った回答をすることはよく知られていますが、生徒自身が生成AIに質問した問題の正答を知っている場合は、思考の整理の再確認や理解を深めることに役立つ可能性があることが分かります。

　もう一つの事例は、関数や統計領域に関するものです。教材として、将来を予測する題材、例えば、今までのマラソンの記録を基に2時間を切る時期を予測したり、気温の関係から桜の開花日を予測したりする題材があ

ります。授業では、モデル化の過程で若干の誤差などを認めつつ、多様な意見や考え方を基に、ある一定の結論を導くことが多いようです。「人間ならではの強み」として、他者の意見を聞き入れて自分の考えを精緻化すること、他者の試行錯誤の様子を見ながら自分の考えを相手に伝えることなどが含まれます。ある生徒が授業中に次のような試みをしました。過去のマラソンの世界記録を基に2時間を切る時期を予測する場面で、自分の回答に自信がなく生成AIに質問したところ、生成AIは時期を予測しませんでした。そこで、質問の内容を変えて会話を重ねました。自分と級友の3人の考えをAさん、Bさん、Cさんとして、与えられたデータをどのように考えてその結論に達したのかをまとめて記述し、生成AIが3人のどの結論に納得するか理由とともに答えてくださいと尋ねたのです。確かにこのような聞き方をすれば、それぞれの考え方について生成AIなりに長短を述べることになります。結果として生成AIの回答は、三つの考え方を全て支持するような内容だったのですが、3人の考え方の特徴を一定程度言語化してくれたため、級友同士の議論が捗ったようでした。

(2) 思考のプロセスを言語化し、共に議論する

　上記二つの事例は、いずれも考え方や思考のプロセスを生成AIに聞いている点に特徴があります。特に適切なプロンプトを知ることによって、更なる生成AIとの知的な会話が可能になると考えられます。知識を与えてくれるものとして捉えるのではなく、考え方を言語化して、疑似的に議論を行う使い方が生成AIを利用する長所になります。生徒同士で教え合い、話し合いをしている場面に類似しています。思考のプロセスを言語化する会話を生成AIと重ねることで、互いの考え方に感化され、表現の質が高まる授業場面の類似を生成AIと構成できる可能性があります。

〈小石沢 勝之〉

4　発展的な自学自習

　AI技術の進歩により、教育現場での生成AI活用の可能性の検討はますます重要になっています。また、生徒一人一人の学習状況は非常に多岐にわたっているため、まずは現段階で生徒たち自身がAIを自学自習にどのように活用しているかを知る必要があると考えます。ここでは、国立大学附属高等学校の1・2年生の生徒たちが自らどのようにAIを活用しているか、その際に気を付けていることなどについて、インタビューを行いました。

　まず前提として、インタビューを行った高校における現状は、生成AIが授業で用いられるケースはあるものの、学校全体で見ればまだその事例は少なく、個人においても活用していない生徒が多いということです。生成AIを活用しない理由として、多くの生徒たちは「信頼性」の不足を挙げていました。実際に、回答の引用先が不明であったときに、それらを参照しながら使用している生徒は限られるようでした。しかし引用先にかかわらず、情報の真偽に関する検討が必要なのは、これまでインターネットを用いていたときと変わりません。逆に生成AIを比較的積極的に活用する生徒は、そのような問題点も踏まえた上で、「活用できる範囲で活用する」というスタンスで利用している様子が見られました。厳密な情報としてではなく、いわば生成AIを「簡易的な家庭教師」「物知りな友人」という立場で活用する生徒は、AIとの親和性が高い印象を受けました。これらの前提を踏まえて、以下ではそのような生徒たちが生成AIを自らのように活用しているのか、その一部を事例として報告します。

(1)　情報収集の手段としての活用

　以前から知りたいことをGoogleなどの検索サイトで調べることはよくなされますが、その代わりに生成AIに尋ねるという使い方です。ネット検索では、特定の検索ワードを指定しないと望む情報を得られにくいことがありますが、生成AIでは文章で質問することができるため、知りたい情報の概要を容易につかむことができるというメリットが挙げられていました。例えば知らないスポーツのルールやコツなどを簡単に聞くことがで

きるという生徒もいました。

(2) 学習の補助的ツールとしての活用

　例えば数学に関する使い方として、問題を解くときの指針や学習方法を質問して、効果的な学習をサポートしてもらうというものです。実際には「二次関数の単元を効率的に学習するには？」といった聞き方が挙げられました。しかし学習方法を聞く上で、「おすすめの問題集は？」といったことを聞くことは難しいという声もありました。ただし、これは用いているAIの種類にもよるようです。また、入試問題を解く際の参考にすると言っている生徒もいました。例えば図形の面積を求める問題で何をすればよいのか分からないときに、「面積を求める方法は？」と聞くことで、きっかけをつかむ使い方です。しかし具体的に問題の解き方や答えを聞くことに関しては、慎重な見極めを要するようです。計算自体も聞き方によってはうまくいかなかったり、単純な因数分解でも間違えてしまったりするという話も聞かれました。また、外国語の学習への活用に関しては比較的AIの活用に積極的な生徒が多かったようです。数学と同様に学習方法や学習計画の相談、第2外国語の学習方法の相談にも用いられているようでした。また、英語の場合は特に生成AIを添削に利用している生徒が複数いました。自分のつくった英文を添削してもらうことで、文法や単語の間違いがチェックでき、更に他の表現を知ることによって学びにつながるというものです。他にも音声認識が可能なため、それを利用して英会話の練習に活用している生徒もいました。その生徒はChatGPTを活用しているという話でしたが、現段階では日本語よりも英語の聞き取り能力のほうが高いと話していました。更には、洋書を読むかどうか悩んだ際にその要約を聞いてから決めることができるという活用方法を挙げている生徒もいました。

(3) 知識の概要を把握するための活用

　特に世界史などで、得たい知識の大枠をつかむのに使用したことがある生徒がいました。生徒自身、知らない内容に関しては、真偽を確認しないといけないことを指摘していましたが、概要を簡潔に得ることができるというメリットが挙げられました。本格的に学習を始める前に前提知識を効

率的に知るという使い方がされているようです。そしてテストに向けて概要に関する練習問題の作成をしてもらった、という生徒もいました。

(4) 探究への活用

少数ではありますが、総合的な探究の時間に生成AIを活用する生徒たちの様子も捉えることができました。まずは発表資料作成のサポートです。生成AIを使ってプレゼンテーション資料やポスターに用いる画像を生成している生徒がいました。また、生成AIを使って新たな視点やアイデアを探す生徒もいます。リサーチクエスチョンの作成や独自のアプローチを模索する際、生成AIを通じて自分の知識を補完したり、自分自身が思い付かないような他の視点の提供を求めたりするものです。また、論文など文章としてまとめる際に、段落構成などについて相談している生徒もいました。一方で、教科に関する内容ではほとんど挙がりませんでしたが、倫理的な考えから、生成AIを用いない選択をする生徒もいるようです。

以上で紹介してきた事例は一部ではありますが、高校生たちがAIを簡易的なパートナーとして活用するよさが示されていると言えそうです。しかし現段階においては使用している生徒も限られており、更に情報の信頼性や倫理的な観点など、留意しないといけない点もあります。このことから、教員が適切な使用の仕方を促して指導することで、生徒個々の円滑なサポートにもつながり得ると感じられました。学校現場においても、そのための更なる可能性の検討が求められるでしょう。

〈岩田 光弘〉

Column

進んだ生徒による学び方

　国立研究開発法人科学技術振興機構（JST）の次世代人材育成事業の一環で、ジュニアドクター育成塾事業が展開されています。ジュニアドクター育成塾とは「科学技術イノベーションを牽引する傑出した人材の育成に向けて、高い意欲や突出した能力のある小中学生を発掘し、さらに能力を伸長する体系的育成プランの開発・実施を行うことを支援」する事業で、島根大学では、2022年度より実施機関として、小・中学生を対象とした探究学習を行っています。この育成塾に通う受講生の中には、生成AIに興味・関心を抱く人も多く、根強いテーマの一つとなっています。その中で、受講生の1人である佐藤晴至氏はAIリテラシーの醸成が不十分であることから、AIに対するイメージが二分化されており、今後AIが普及していく際に社会の分断や対立が起こることを危惧していました。そこで、AIの能力を分かりやすく示すことで、AIリテラシーの醸成に寄与すると考えました。特に、AIが大学入試を突破する記事を参考に、小学校・中学校の学力調査をAIに解かせることを着想し、それをもってAIの基礎学力を分かりやすく提示できる方法を考察しました。

　指導した筆者自身も、日本全体のAIリテラシーの醸成に寄与する数理・データサイエンス・AI教育に取り組んでおり、彼の問題意識に共感しました。それに加え、AIはその仕組み上、文章要約のような言語処理能力は高いが、数学の演繹的推論は苦手と考えていましたが、実際の推論能力の限界点について関心がありました。そこで、佐藤氏の探究活動の指導を引き受けました。以下が、佐藤氏による学びの要約です。

　私は、ChatGPTに令和4年度の全国学力・学習状況調査の小学校算数の問題を解かせ、その結果を当時の小学生・中学生の正答率と比較しました。調査した2023年8月現在、ChatGPTのプロンプトに同調査の問題をそのまま入力をすることが難しいため、プロンプトに

入力ができる形に問題文を書き換えました。
　ChatGPTが誤答した問題の一例として、「85 × 21 の答えが、1470より必ず大きくなることを示すためには、85と21をどのようながい数にして計算するとよいか」という問題があります。正答は「85を小さくみて80、21を小さくみて20として計算します。」です。つまり、
85 × 21 > 80 × 20 = 1600 > 1470
と計算することで1470より大きいことが示せます。
　しかし、ChatGPTの回答は「85を大きくみて90、21を大きくみて30として計算します。」でした。そこで、問題文を「85 × 21 の答えより、1470が必ず小さくなることが分かるためには、どのように示したらよいですか。」と変更すると、ChatGPTは正答できました。おそらく、「大きい」や「小さい」という言葉に反応し、回答を作成していると考えられます。
　今回の探究活動を通して、生成系AIから正答を引き出すためには、入力のテクニックだけでなく、使用者の言語能力が重要だとわかります。また、すべての問題を通したChatGPTの正答率は87.5％と、平均より24.2ポイント高くなりました。しかし、パターンを学習しているだけで、演繹的に推論していない可能性があることを指摘できます。
　逆に言えば、生成系AIはパターンを学習し、定型的なタスクを代替するのに適していることを、多くの人に伝えることができました。以上のことから、今回の探究活動を通して、生成系AIを利用する人のAIリテラシーを醸成することの重要性を訴えるのに役に立ったと考えられます。今後は、論理的思考が可能なAIを開発してみたいです。

ジュニアドクター育成塾　佐藤　晴至

　こうした成果からも、進んだ小・中学生にとって、生成AIそのものが探究対象に十分なり得ることがうかがえます。

〈瀬戸　和希〉

第3章

子どもの学びをどう創るのか？
：生成AIを用いた授業実践

この章では、現行の生成AIを実際の授業に活用した実践事例について、その取り組みの様子と得られた知見、今後の課題や評価を概説します。

第1節　パイロット校における実践と学習評価

1-1　足立区立興本扇学園における実践と成果

(1)　校務における生成AIの活用

　足立区立興本扇学園は東京都足立区にある公立の小中一貫校で、興本扇学園足立区立興本小学校と興本扇学園足立区立扇中学校から成ります。興本扇学園は文部科学省のリーディングDXスクール事業の指定校であった経緯もあり、2023年に生成AIパイロット校に指定されました。ここでは興本扇学園足立区立扇中学校におけるGoogle Bard（以下、「Bard」という）の実践事例を紹介します。なお、Bardは2024年2月にGoogle Geminiに改名されました。

　興本扇学園では「校務利用」のため、教員に限り生成AIの利用が認められています。ただし、教員はアカウント登録に際し、自身が使用する端末であるChromebookに、収集したデータをGoogle側に提供しないようオプトアウト設定などを行っています。これは、利用者が入力した内容を生成AIが学習し回答に反映することがないようにするために必要な設定になります。

(2)　生成AIが作成した証明を生徒が添削する学習活動

　校務における生成AIの活用の一環として、数学科の授業で扱う教材の作成を行い、第2学年の「三角形と四角形」の単元で実践を行いました。授業では、まず生成AIについて、その特徴や種類、機能、利用する際の

注意点についてGoogleスライドで説明を行い、具体的な数学の問題について Bard に解かせた結果を見せることで、生成AIのよさや問題点を生徒と共有しました。その上で、Bardが作成した証明を生徒と一緒に考えることにしました。その際、生徒には図3-1について「AB = AC、AD = AE ならば△ABD ≡ △ACE となる」ことについて、Bardが作成した次の証明を提示しました。

△ABDと△ACEにおいて、
　・AB = AC（仮定）
　・AD = AE（仮定）
　・BDは共通（共通辺）
より、△ABDと△ACEは2組の辺とその間の角が等しいので、合同である。
　　結論
　　△ABD ≡ △ACE

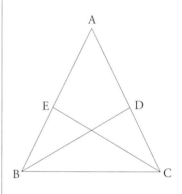

図3-1　証明に用いた図形

生徒は4人グループで Bard が作成した証明が正しいかどうかを確かめ、誤りがある場合、どこをどう直したらよいのかについて話し合い、証明を完成させる学習活動を行いました。また、他にも Bard が作成した誤りのある証明や、条件が不足しているにもかかわらず証明を作成してしまう例などを提示し、添削した証明を全て Google Classroom に提出させました。

授業後、Googleフォームに入力された生徒の振り返りには、次のような記述が見られました。

・間違っているところもあるけど、それを自分で直して勉強できるからいいと思う。
・AIが出した答えがちゃんとあっているのか確認することが大切だと分かった。

(3)　生成AIに関する試行錯誤

中学第2学年では図形の合同の証明を学習します。この授業を考案した

時点で、Bardはまだ重なり合った三角形同士の証明ができていませんでした。そこで、いくつかの図形の証明を試みることで、生成AIが誤りのある証明を作成する事例を集めていき、授業で提示することが適切なものについて検討を重ねていきました。その結果、Bardが作成した、根拠や合同条件にそれぞれ間違いがある証明を授業で扱うことにしました。しかしながら、この数か月のうちに、生成AIが以前は誤って証明していたものを正しく出力できるようになってきました。その場合、「間違えて解答してください」と指示を加えることで、あえて間違ったものを作成させることができます。

　この授業以外にも、生成AIに役柄を与えることで、歴史上の人物になりきって物事を説明させようとする際に試行錯誤を行いました。中学校第1学年では多面体という立体について学習をします。多面体には多面体定理という数学者オイラーが発見した定理があります。そこで、授業準備の段階では、Bardに「あなたは数学者オイラーです。オイラーになりきって多面体定理について中学1年生がわかるように説明してください。また、その定理を発見した経緯も教えてください」と入力してみました。その結果、Bardはオイラーとして、自己紹介や多面体定理の説明、定理を発見したときの経緯をオイラーの心情を入れ込んだ、分かりやすい回答を出力しました。授業では、この回答をオイラーが話しているように、写真と音声出力を使用して生徒に聞かせるよう提示の仕方を工夫しました。そのためか、生徒は夢中に聞き入っているように見えました。後日、多面体定理に関する問題を出題したとき、定理を覚えている生徒が多く、積極的に問題に取り組む様子が見られました。生徒に興味をもたせたり、主体的に学びに取り組ませたりする方法は多々ありますが、そのために教員が試行錯誤していく楽しみも生成AIにはあると感じています。

⑷　**本実践の成果**

　授業では、電子黒板上にGoogleドキュメントでBardによる証明を提示し、生徒はタブレット端末を用いて活動を行いました。そして、生徒にはGoogleドキュメントを「提案モード」に設定し、間違えているところに斜線を引き、証明を添削させるようにしました。授業では、証明に対し苦

手意識をもつ生徒が多いものの、主体的に活動する様子が見られました。更に、添削を通して生徒は、証明とは何かと考えたり、証明では何をどのように示すのかについて学んだりすることができました。また、授業の振り返りでも、先述のような肯定的な感想が数多く見られました。

〈小出 晴斗〉

1-2　生成AIが作成した証明を生徒が添削する学習活動の評価

　ここで、本実践における生徒の学習活動とその評価について考えてみることにします。本時に関わる単元の評価規準は表3-1のようになります。本実践では、生徒は知識・技能の総合的な活用力の育成や数学的な見方・考え方に基づいた思考を伴う活動を行います。そこで、表3-1を基に、生徒が証明の正しさについて内容を確認することで話し合いにつなげていく場面と、生徒が証明を添削することで完成させていく場面に関して作成したものが、表3-2のルーブリックになります。

表3-1　本時に関わる単元の評価規準

知識・技能	思考・判断・表現	主体的に学習に取り組む態度
平面図形の合同の意味及び三角形の合同条件について理解している。	三角形の合同条件を基に図形の関係を論理的に考察し表現している。	証明の必要性と意味及びその方法を考えようとしている。

　前者の場面では、生成AIが書いた証明を生徒が鵜呑みにせず、内容を確かめようとしているかどうかが、ルーブリックを用いた評価の「C」と「B」を分ける判断となります。更に、証明が正しいかどうかを吟味しているかどうかが、評価の「B」と「A」を分ける判断になります。そして、証明のどこをどう直したらよいのかなど、吟味したことを伝えようとしているかが、評価の「A」と「S」を分ける判断になります。

　後者の場面では、生成AIが書いた証明のうち、まず「辺BDは共通（共通辺）」が誤りであることが分かるかどうかがルーブリックを用いた評価における最初の判断になります。それが、評価の「C」と「B」を分けると考えてよいでしょう。そして、「∠BACが共通」であることに気付き修正できればよいことが分かるかどうかが、評価の「B」と「A」を分ける

判断になります。更に、どの「2組の辺とその間の角が等しいか」を正しく示すなど、証明を書くことができるかどうかが、評価の「A」と「S」を分ける判断になります。

表3-2　生成AIが作成した証明を添削する活動に関するルーブリック

	S	A	B	C
証明の内容確認	Aの評価に加えて、吟味したことを伝え合っている。	Bの評価に加えて、証明の内容を吟味しようとしている。	生成AIが書いた証明の内容を確かめようとしている。	生成AIが書いた証明の内容を確かめようとしていない。
証明の添削	Aの評価に加えて、正しい証明を書いている。	Bの評価に加えて、誤りをどのように修正すればよいか分かっている。	生成AIが書いた証明のどこに誤りがあるかが分かっている。	生成AIが書いた証明が誤っていることが分かっていない。

　ここでは2観点しか例示していませんが、証明の記述の質を評価するなど、生徒の実態に即して多様な評価を行いたいときは、ルーブリックを必要に応じて作成していくとよいでしょう。一方で、評価の観点が多過ぎてもルーブリックが効果的に機能しないことがあります。まずは第3章第1節の2-2や3-2のように、評価したいことについて観点を定めていくことで生徒の姿を捉えていくことも一つの手なのかもしれません。

〈北島　茂樹〉

2-1　熊本市立北部中学校における実践と成果

(1)　生成AIの教育利用

　熊本市立北部中学校は、2023年9月に文部科学省リーディングDXスクール事業（生成AIパイロット校）に指定されました。ここでは北部中学校におけるChatGPTの「教育利用」についての実践事例を紹介します。

　北部中学校では、第2学年と第3学年の生徒がGPT-3.5をLTEモデルのiPadにプリインストールされたアプリで使用しています。しかしながら、MDM（Mobile Device Management：モバイルデバイス管理）などの問題もあり、実際に使用できるようになったのは2023年12月に入ってからでした。そのため、生徒が主体的に授業でChatGPTを使用できるよう、次の二つのステージについて取り組みを始めました。

- 生成AI自体を学ぶステージ（仕組み、利便性、リスクについて学ぶ）
- 使い方を学ぶステージ（対話スキル、指示文の習熟について学ぶ）

(2)　生成AIを学びのパートナーにする活動

　生成AIの授業における活用事例として、北部中学校における第2学年の社会科の授業を2024年3月に参観しました。授業は、地理的分野において「引っ越しを考えている人の要望を叶える都道府県を考察する活動を通して、日本の各地方の地理的特色を多面的・多角的に考察することができるようになること」を目標とし，同校の光安朝規教諭が担当しました。なお，使用したアプリはロイロノート・スクール（以下、「ロイロノート」という）とブラウザ、ChatGPTでした。

　まず教員は黒板に課題を提示し、次に電子黒板に図3-2が提示され、生徒は個々にChatGPTを使い「おすすめの都道府県」について考え始めました。生徒たちは、まずプロンプトとして「20代女性におすすめの都道府県は？」と直接入力し、後から「暑いところは苦手」や「ショッピングモールが近くにある」「大都市にすぐに行けるところ」などの条件を加えたりしながら考えていました。

　また、中には、「あなたは60代の夫婦です」と入力してから条件を加え、より具体的な出力を得ながら考えていく生徒もいました。その際、示され

課題：
引っ越しを考えている人たちにおすすめの都道府県を紹介しよう。

Aさん（20代女性、会社員）
・暑いところは苦手
・服などを買いに行くことが好きなのでショッピングモールの近くが良い
・大都市にすぐに行けるようなところが良い

Bさん夫婦（60代）
・自然豊かなところが良い
・車で出かけることが好き
・趣味は夫婦で登山やキャンプをすること

図3-2　引っ越しを考えているAさんとBさん夫婦の要望

た候補地について資料集や地図帳、Google検索で確認するなどファクトチェックをした上で検討していく姿が見られました。

その後、生徒同士で意見交換を行う中で、自分事として候補地をより真剣に再考していく姿が見られました。例えば、Bさん夫婦への「おすすめの都道府県」として北海道や長野県が挙がっていたものの、60代は祖父母と同年代である生徒がおり、「雪かきが大変なのではないか」など身近な存在を意識した意見が出てきたことで、その生徒たちは降雪量の少ない地域を調べるなど再検討を始めました。そして、授業の最後に、生徒たちは自身が考える「おすすめの都道府県」についてロイロノートにまとめ、教員に提出しました。

(3) 生成AI導入における取り組みと試行錯誤

先述の「生成AI自体を学ぶステージ」では、教職員はリーディングDX事業の目的やゴールを共有し、生成AI企業から講師を招いて校内研修を行うとともに、授業改善や校務改善に向けて使えるヒントを探しました。そして、生徒に向けては日常生活とAIの関係を考えさせたり、AIによってどのようなことができるかなど、その利便性について考えさせたりする一方で、そのリスクやファクトチェックについて考えさせるなど、AIを

よりよく使っていくためのオンライン講話を行いました。

次に、「使い方を学ぶステージ」では、基礎編のトレーニングとして、まずロイロノートで第2学年に動画を配信しました。その中で「ChatGPTに話しかける言葉はこちら！」と題したミッションを段階的に提示し、生徒が「慣れること」と「検索との違いに気付くこと」を目指しました。そして、応用編のトレーニングとして、「対話スキルのレベルアップ（連続性）」を目的としたミッションを提示しました。「10連続対話コンボ」と題したこのミッションにおいて、生徒はChatGPTの回答に対して「関連する次なる質問」を続け、それを連続10回続けることが求められます。そうした試行錯誤を通して、生徒が状況に応じた入力方法を選択するなど、日常使いができることを目指しました。

Googleなどに単語を入力して検索を行うことには慣れている生徒がいる一方で、文の形で入力するプロンプトの作成にとまどう生徒も少なくありませんでした。そこで、ミッションに取り組ませる中で、まず音声入力で行い、何回か対話が続くよう「次なる質問」を話しかけることから始めました。その結果、生徒はプロンプトの重要性や検索エンジンとの違いを感じ取りながら活用パターンを習得していくようになっていきました。

(4) 生成AIの教育利用における成果

北部中学校の実践では、生徒が問題解決をする場面で生成AIに「壁打ち」を行ったり、協働的な学びの場面で「パートナー」の一員として生成AIを活用したりすることを行ってきました。その結果、前者においては新たな課題を発見したり、多角的な見方・考え方を習得したりする者が出てくる一方で、生成AIの考えに依存する生徒は見られませんでした。また、後者においては、生成AIの意見で解釈の違いに気付いたり、検索エンジンを用いてファクトチェックしたりする姿が見られました。更に、生徒は自己調整をしながら学習を進める場面も増加しており、「指導の個別化」のみならず「学習の個性化」にも有効であると言えます。

2-2　生徒が生成AIを学びのパートナーにする学習活動の評価

ここで、本実践における生徒の活動の評価について考えてみることにし

ます。本時は、「日本のさまざまな地域」の単元のまとめに位置付けられます。そして、その後の「地域の在り方」の単元における、地理的な見方・考え方を働かせながら、地域をよりよくしていくために、地域を捉えていく学びにつなげていくためにも、「日本の地域の特色には、一般的共通性と地方的特殊性があり、それが相互に関係し合っていること」を理解する必要があります。

　そのため、先述の本時の目標をふまえた、単元の評価規準は表3-3のようになります。また、本時は生成AIを活用する活動を通して行われるため、生徒が課題に対し生成AIと共に取り組むプロセスをどう捉えるかが評価のポイントとなります。また、表3-3を基にルーブリックを作成したものが表3-4になります。まずは、生成AIに対し問いをつくれるかどうかが最初の段階になりますが、本時では得られた情報の真偽を確かめるところまでの一連の過程を重視しています。そして、生成AIとの対話を通して、自身の意見をまとめていくことで考えを整理していくことが次の段階になります。更に、自身の考えを他者に提案するべく説明できることが次の段階になりますので、表3-4を用いてそれぞれの過程を捉えていくことができます。

表3-3　本時に関わる単元の評価規準

知識・技能	思考・判断・表現	主体的に学習に取り組む態度
2年生で学習する日本地理の各都道府県の地理的特色について理解している。	2年生での学習内容を基に、条件に合う都道府県を考察して候補を決め、他者に提案している。	引っ越しを考えている人の要望を理解し、どの都道府県がおすすめかを自分事として考えようとしている。

表3-4　生成AIを活用して問題解決を行う活動のルーブリック

S	Aの評価に加えて、自身の考えを他者に提案している。
A	Bの評価に加えて、自分の考えを整理している。
B	生成AIから得られた情報について、真偽を確かめている。
C	生成AIに適切なプロンプトを入力できず、情報が得られていない。

〈北島　茂樹〉

3-1　茨城県立竜ヶ崎第一高等学校における実践と成果

⑴　生成AIパイロット校について

　茨城県立竜ヶ崎第一高等学校は、2023年にスーパーサイエンスハイスクールⅡ期10年目となり、Ⅲ期目の申請に向けた新しい研究開発を模索する一環として生徒にChatGPT利用を体験させる授業を企画・実施してきました（小林，2023）。そして、文部科学省より「令和5年度　生成AIパイロット校」に指定されたことで生徒用ChatGPT Plusを20人分利用することが可能となりました。そこで、「生成AIを使って、主体的で対話的な深い探究型授業を開発する」ことを目的に、国・社・数・理・英・情の6教科において、コンテンツの生成を授業案に取り組む研究授業を実施し、数学科では教育利用として「数学の証明問題における生成AI解答の検証」を行いました（文部科学省，2024）。
　なお、本実践は報告書とは別の事例になります。

⑵　生成AIを用いた実践の概要

　本実践は、教育における生成AI利用のこの黎明期に「生成AIを利用した授業実施上の注意のうち、高等学校数学独自のことは何だろうか？」という問題意識の下、パイロット校のアカウントにて行いました。
　授業は、高等学校第1学年に対し、2024年3月に普通教室で2回実施しました。その際、比較的数学を得意とする生徒20名を対象としました。また、生徒は全員、中学校のときに貸与されたChromebookを探究活動で用いた経験があり、他教科でChatGPTの利用を2時間経験済みです。

⑶　高等学校数学科におけるChatGPT Plus活用上の留意点

　授業の冒頭で、生徒には表3-5の内容をGoogle Classroomから配信しました。次に、生徒たちは各自のアカウントで問題解決に取り組み、その際、生徒同士で相談できるようにしました。そして、2回目の授業の後半に表3-5の「本授業の目的」に関して19名にインタビューを行いました。ここでは、生徒Aのプロンプトや考えを中心に考察していくことにします。
　生徒Aは比較的数学が得意な生徒で、表3-5の問題について表3-6のように入力しました（下線は筆者）。

表3-5　Google Classroomから生徒に配信した内容

ChatGPTと数学の問題でどのように対話したらいいのだろう？
1　本授業の目的
　次の問題をChatGPTと対話して理解したり解いたりしたいと思います。
　そのために、どのような対話をしたらうまくいったり、だめだったりするのか、調べます。あなたたちが実際に対話して、レポートしてください。
　そのレポートは今後の数学教育に活かされるかもしれません。
2　問題
　次のことを証明してください。$x^2+y^2<1$　ならば $x^2+y^2+2y-3<0$
3　対話の仕方
(1)　例：あなたは「高校生」です。
　　　　次の問題の解き方を教えてください。
　　　　解き方は、50字以内でお願いします。（以下略）

表3-6　生徒Aのプロンプト

プロンプト1：
　$x^2+y^2<1$ ならば　$x^2+y^2+2y-3<0$
　$x^2+(y+1)^2=4$の円の中に$x^2+y^2=1$の<u>円が含まれていることを利用して</u>そこから証明してください。
プロンプト2：
　次のことを<u>幾何学的な考え</u>を用いて証明してください。
　$x^2+y^2<1$ならば$x^2+y^2+2y-3<0$

　どちらのプロンプトからも生徒Aは「図やグラフを利用して」証明することを望んでいることがうかがえ、インタビューでもそのように答えていました。しかし、生成AIは、言葉や式で説明しますが、図やグラフは示さないため、次のように考えるようになりました。

生徒Aの発話：
　図形はもうあきらめて式で理解するしかない。代数学的なものだったら、強いと思うんですけどたぶん幾何学は……

　他にも「生成AIは図形をかくことは苦手」と考えた生徒がいる一方で、次のようにプロンプトを工夫してグラフを表示させる生徒もいました。

> 生徒Bの発話：
> グラフじゃなくて図を用いてってしちゃうと、多分イラストとかが出てきちゃって、イラストで丸が何かごちゃごちゃなっちゃうから、グラフが欲しいときは図じゃなくてグラフっていったらできる。

　生徒Bは「図」ではなく「グラフ」と入力することで、異なる座標平面上ですが、$x^2+y^2<1$ と $x^2+y^2+2y-3<0$ をかかせることができました。

　数学Ⅱの「図形と方程式」では、文字どおり「図形」と「方程式」（場合によっては不等式）を同値なものと見なし、それぞれの特徴を生かして問題を考察します。これは、問題の解法として図形と方程式等を複合的に用いる場合があることを意味します。更に、数学Ⅰの「二次関数」や数学Ⅱ及びⅢの「微分」の分野などでは、関数のグラフや表を利用して最大値や最小値を求めることがあります。高等学校数学の問題を解く際は、問題にもよりますが、式や図、グラフ、表をどこでいかに利用するのか、ある程度の意図をもって生成AIにプロンプトを入力する必要があると言えます。

　授業では、生徒A以外にも証明に「図やグラフを利用」することを意図してプロンプトを入力する生徒もいましたが、生成AIの回答の多くは、図やグラフではなく、そのかき方の説明、あるいは無意味なイラストでした。そのため、生徒Bのような入力についての工夫も求められます。つまり、「図」や「グラフ」「幾何学的」などの表現に対し、生成AIがどう回答するのか、試行錯誤しながら意図した回答が得られるよう指導していくことも必要でしょう。

　一方で、「Math Tutor」や「Wolfram GPT」など数式処理やグラフ作成ができるプラグインも公開されており、ChatGPT Plusであれば使用可能です。

(4) 生成AIを用いた実践の成果

　本校では、生成AIを「誤りを一部含みつつも、一般的な応答を提示」してくれる教育資源と想定し実践してきました。生成AIと「一緒に学ぶ」中で学びに心を開く生徒の姿が見られ、生成AIを使った授業に満足した

という回答が9割を超える生徒のアンケート結果が得られました。

〈小林　徹也〉

3-2　生徒が生成AIと問題について対話する学習活動の評価

　高等学校数学科では数学的な事象を「式」や「図形・グラフ」、また今回は表出しませんでしたが、「表」などを用いて複合的に考察（思考力、判断力、表現力等）することがあります。そのため、教員には、生徒にそれらを生成AIから引き出す意図（学びに向かう力、人間性等）をもたせること、更に的確なプロンプト及びプラグイン利用（知識及び技能）などを目標に指導することが求められると言えます。そこで、生徒が生成AIと問題について対話する活動について、それらの目標がどのように達成できたかを評価すべく、生徒の学習活動を基に作成した評価規準が表3-7になります。その学習活動の過程を捉えるためのルーブリックが表3-8になります。

　ここでは、本時の学習活動を基に評価規準やルーブリックを考えましたが、問題についてChatGPTと対話しながら理解したり解いたりする学習活動であれば、内容を検討して同様のものを作成することができます。

表3-7　本時に関わる単元の評価規準

知識・技能	思考・判断・表現	主体的に学習に取り組む態度
命題に与えられた不等式を座標平面上の領域としてAIを用いて図示している。	命題の真偽を、不等式の表す図形の包含関係を利用し、集合の包含関係として考察したり説明したりしている。	不等式を含む命題を、不等式の表す領域について、生成AIを用いながら証明することに興味・関心をもち、取り組もうとしている。

表3-8　生成AIと対話しながら問題解決を行う活動のルーブリック

S	Aの評価に加えて、数学的な事象を複合的に考察している。
A	Bの評価に加えて、適切な図になるよう試行錯誤している。
B	意図をもってプロンプトを入力し、図示しようとしている。
C	適切なプロンプトを入力できず、問題解決に利用していない。

〈北島　茂樹〉

4　パイロット校における実践から得られた示唆

　生成AIパイロット校とは、2023年7月に公表された「初等中等教育段階における生成AIの利用に関する暫定的なガイドライン」(以下、「ガイドライン」という)を踏まえ、効果的な教育実践の創出を行うべく文部科学省に指定された公立中学校・高等学校のことです。

　ガイドラインが公表された当初は、学校現場がチェックリストを全てクリアした上で生成AIを活用することのハードルの高さが危惧されていました。例えば、ガイドラインのチェックリストでは「著作権の侵害につながるような使い方をしないよう、十分な指導を行っているか」とあります。しかし、生成AIのどのような使用が著作権侵害になるか定まらない中で、「十分な指導」を学校現場に求めるのは無理があります。それだけに、パイロット校による先導的な取り組みは価値あるものだと言えます。

　これまでも新たな道具の出現が人の営みの在り方を変えてきたように、道具である生成AIも社会を変革していきます。生成AIとの共存はいずれ前提となっていき、「使いこなす」ことが学校内外で当然のように求められるでしょう。そのため、本項では複数の生成AIパイロット校を巡り、その実践から学ぶ中で見えてきたことをいくつかまとめていきます。

(1)　生成AIを導入することで見えてきたこと

　ガイドラインでは、保護者の十分な理解の下、生成AIの仕組みの理解や生成AIを学びに生かす力を高める段階が次のように示されています。

① 　生成AI自体を学ぶ段階
② 　使い方を学ぶ段階
③ 　各教科の学びにおいて積極的に用いる段階
④ 　日常使いする段階

　①の段階では生成AIの仕組みや利便性、リスクなどについて学びますが、生徒には使用の有無に関する事前アンケートを実施した上でガイダンスを行っている学校もありました。この段階は教員にとっても重要で、校内研修を通してゴールを共有するなど、下準備を丁寧に行っている印象でした。②の段階では生成AIとの対話スキルやファクトチェックの方法な

どについて学びますが、実際には③と往還する中で使い方を学べるようにしたり、④と併せて行うことで慣れ親しむ機会を増やしたりしていました。

　教員や生徒には共通して、検討する上での「アイデア出し」や意思決定のための「壁打ち」のような使い方が見られました。教員からは、生成AIを用いる前に一定の見方や考え方や知識を習得しておく必要があるといった声や、予想に反して生徒が生成AIに頼り切ることなく自分の考えを大切にする姿を見て「むしろ自身の考えを深めて納得するツールとして使ったほうが有効ではないか」といった声が聞かれました。また、生徒からは、「自分とは違う考えを示してくれる友達」くらいに捉えることがよいことや、「自身の意見を入れたほうが生成AIのよさが出る」などの声が聞かれました。

(2) 実践から得られた示唆

　どのような道具にも妥当な使い方があるように、生成AIも妥当に用いる限りにおいて、児童生徒の教育活動を支援する有用な道具であると言えます。そのため、今のところ教員の存在を脅かすものではありませんが、旧来型の学習課題やテストの在り方について様々な見直しを迫られる可能性はあります。そうした中、あるパイロット校が指摘した次の「AIが代わりにやってくれなかったこと」は非常に示唆的です。

・問いは与えてくれない

・その考えがどこからきているのかは教えてくれない

・だからどうすればいいかは示してくれない

　生成AIをいかに活用したとしても、自身の考えをまとめたり、意思決定を行ったりするのは、結局、学びの主体である学習者自身です。だからこそ、児童生徒がその前提となる知識や経験をどの段階でどのように習得すべきなのか、丁寧な議論が求められます。そのため、生成AIに関わる上での基礎・基本となる小学校での学びの重要性は高まるでしょう。

　今後も生成AIの技術革新はその可能性を拡げていき、教育の在り方を変えていくでしょう。そして、先述の生成AIの「やってくれない」加減こそ、これからの児童生徒の学びを考える上で重要なのかもしれません。

〈北島　茂樹〉

第2節　協力校における実践と知見

1-1　小学校算数科でのChatGPTによる実践

(1)　事例の概要

本事例は、小学校第2学年における算数科「逆思考によるひき算」の実践です。用いた生成AIはGPT-3.5で、操作は教員が行いました。

(2)　授業実践の主旨

小学校第1学年では次のような文章問題があります。

〔たし算の文章問題〕
あめを 3こ もって いました。
4こ もらいました。
ぜんぶで なんこに なりましたか。

〔ひき算の文章問題〕
みかんが 8こ あります。
2こ たべました。
のこりは なんこですか。

このような問題では「ぜんぶで」「たべました」という言葉を頼りに問題を解くことができます。しかし、この言葉に頼りすぎると、小学校第2学年では、逆思考の問題を解くときに混乱が生じることがあります。逆思考の問題とは、次のような問題であり、本実践でもこの問題に取り組みました。

〔第2学年　逆思考の問題〕
子どもが あつまって いました。9人 きたので、30人に なりました。
はじめは 何人 いましたか。

「9人 きた」からたすと、30 + 9 = 39となりますが、これは間違いです。正しくは、30 − 9 = 21です。この問題を解決するために、第2学年ではテープ図を使います。本実践でも、テープ図を使って説明をします。その

際、児童の「9人きたからたす」という考えに寄り添いながら、ChatGPTを使って、文字を使って場面を式で表すことのよさに迫ります。

(3) 取り組みの様子

まず児童は、問題文を読んで、「はじめの人数」が分からないことに気付きました。式を発表するとき、30＋9＝39と30－9＝21の二つの式が出てきました。児童は、「どっちの式なの？」と疑問をもちました。そこで、「30＋9と30－9のどちらのしきが正しいのだろう」とめあてを立てて、自力解決を求めました。図3-3は、自力解決後の板書です。30＋9を考えた児童は、「9人きたからたした」と考えを述べました。そこで、テープ図をかかせたところ、「はじめの人数がぜんぶの人数より多くなってる」ことが分かりました。

児童は、「9人きた」ので、たすという考えには一定の理解を示しましたが、図で確認することで、30＋9ではないことが分かりました。しかし、あまり納得していない児童もいました。

次に、30－9を考え

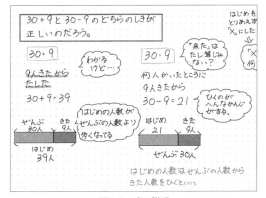

図3-3　式の説明

た児童の考えを聞くことにしました。図3-3にもあるように、「何人かいたところに9人きたから」、30－9にしたことを述べました。テープ図でも確認したところ、30－9＝21でよいことが分かりました。しかし、正解と分かっていても、「『来た』はたし算じゃない？」や「ひくのがへんなかんじがする」という意見が出ており、気持ちの面では納得できていない様子でした。

そこで、ChatGPTに聞いてみることにしました。すると、「$x＋9＝30$」という見たこともない式が出てきました（図3-4）。ChatGPTの説明を頼りに、児童は、はじめの人数を取りあえず「x」にして、問題文のと

おりに式にしていることが分かりました。そして、児童は、「$x+9=30$」は「はじめの人数＋来た人の人数＝ぜんぶの人数」になることに気付きました。これは、「9人きたからたした」ことを意味しています。最後に、「はじめの人数」を求めるためには、「ぜんぶの人数」から「来た人の人数」を引けばよいことにたどり着きました。

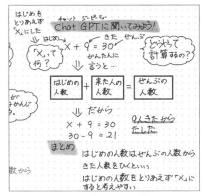

図3-4　ChatGPTの説明

　ここで、教員は、「9人きたからたした」という考えが取り上げられていたことを児童に問いかけました。児童は、「9人きたからたした」という考えに注目しました。そして、「$x+9=30$」とすることによって、「9人きたからたした」という考えをうまく表現することができることに気付きました。この意見には、$30+9$を考えた児童も満足している様子でした。

(4) 授業の振り返り

　授業では、最初に、問題場面を図に表し、式が$30-9=21$になることを説明しました。しかし、「9人きたからたした」という考えの児童は、なかなか納得することができません。そこで、ChatGPTを授業の最後に用い、「$x+9=30$」と表すことで、「9人きたからたした」という考えの児童に寄り添う展開にしました。その結果、文字を使って、問題文のとおりに

> **You**
> 「子どもが集まっていました。9人きたので、30人になりました。初めは何人いましたか?」の式を教えてください。
>
> **ChatGPT**
> この問題は未知数を使って表現できます。仮に初めの人数を「x」とすると、「9人が追加されたので、初めの人数に9人を足したら30人になる」という式が立てられます。式で表現すると、x＋9＝30となります。
>
> **You**
> 小学校2年生にわかる言葉で教えてください。
>
> **ChatGPT**
> わかりました。子どもたちに伝えるならば、「最初にいた人数をxとすると、9人が加わって30人になりました。だから、x＋9＝30です。」と説明できます。

図3-5　ChatGPTの説明の難しさ

式に表すことが解決の糸口になることが分かりました。

　一方で、図 3-5 のように、ChatGPT の説明の難しさがあります。ChatGPT の説明は、児童にとって難しい言葉が含まれます。そのため、小学校第 2 学年の児童にも分かる言葉で説明をさせる必要があります。授業では、児童が自由に使い、ChatGPT の説明を頼りに解決を図ることが理想的です。しかし、児童の発達段階に合わない説明の難しさが課題であることが実践を通して分かりました。

〈神保　勇児〉

1-2　本事例の寸評

　逆思考によるひき算の問題は、文脈としては加法を用いる場面ですが、加数か被加数が未知、かつ和が既知なゆえに、減法でその未知数（unknow）を「答え」として求めるものです。一見して加法に演算決定したい児童が反対である減法で立式せねばならない点に難しさがあります。本実践では、文章中にあった二つの数値を理由なく闇雲に立式する児童はおらず、未知数が「はじめ（の人数）」であり、「きた（人数）」「ぜんぶ（の人数）」との関係をテープ図で捉えて減法で考える児童と、「きた（来た）」という語句から連想される加法に引きずられて違和感をもつ児童のやり取りが議論の軸でした。

　そうした状況に、頼れる「ご意見番」としての ChatGPT を登場させることで、未知数としての x を用いた式「$x + 9 = 30$」を大胆に提示したわけです。ここでは、未知数 x を使うことで文脈に沿った順思考で立式できるよさを感得できるかが鍵となります。従来は、数図ブロックやテープ図、線分図などを用いることで、数量の部分‐全体構造を把握して、演算決定と立式を行うことが常套的な指導でした。その意味では、本実践は従来の低学年の指導に、未知数 x を入れた式解釈という大胆な活動を入れたアグレッシブな提案であり、生成 AI を思考の飛躍への補助員としてうまく役付けたと言えるでしょう。

　テープ図や線分図は自ら考える上での「思考の道具」であると同時に、他者への「説明の道具」でもあります。いずれにしても描き上げる手間を

考えると負担が大きいのですが、今回の未知数を入れた式の学習を通して、叙述に沿って図よりも簡単に表せる式表現を手に入れるねらいは秀逸です。無論、未知数「x」(unknow) を使うよりも「□」(place holder) の表現を使ったほうがよい、被加数だけでなく加数が未知の場合も扱うべき、増加型だけでなく合併型の場面も扱うべきなどの提案は考えられますが、実践者はそれらを熟知しており、学習状況や発達段階に合わせて今後実践してくださるでしょう。

〈小原 豊〉

2-1　小学校総合的な学習の時間でのBingチャットによる実践

(1) 事例の概要

　本事例は、小学校第5学年の総合的な学習の時間で、児童が「伝統・文化」に着目し、携わる人々の思いや願いを起点に考え、社会とつながる学びを題材にしています。その際に、生徒が自作したパンフレットの配布場所を自分たちで検討するだけでなく、視点を付加するためにBingチャット（現Copilot）という生成AIを活用して、児童が考えを深める協働の学びについて示します。なおBingチャットの操作は教員が行いました。

(2) 授業実践の主旨

　小学校学習指導要領（平成29年告示）解説 総合的な学習の時間編では、総合的な学習の時間の目標に続いて「探究的な学習における児童の学習の姿」（図3-6）が示されています。その解説には「児童は、①日

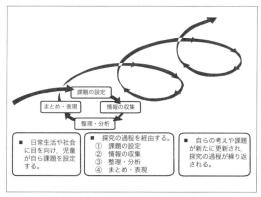

図3-6　探究的な学習における児童の学習の姿

常生活や社会に目を向けた時に湧き上がってくる疑問や関心に基づいて、自ら課題を見付け、②そこにある具体的な問題について情報を収集し、③その情報を整理・分析したり、知識や技能に結び付けたり、考えを出し合ったりしながら問題解決に取り組み、④明らかになった考えや意見などをまとめ・表現し、そこからまた新たな課題を見付け、更なる問題の解決を始めるといった学習活動を発展的に繰り返していく」と示されています。探究的な学習を意識して総合的な学習の時間を実践する場合、様々な学習活動に生成AIが活用できる可能性が考えられます。本事例では、特に探究的な学習の②と③に着目した場面を示します。

(3) 取り組みの様子

計40単位時間で行った本事例の単元の概要を表3-9に示します。

表3-9 社会とつながる学びの概要

小単元	めあて	時
①	「伝統」ってなんだろう？	2
②	わたしたちの住んでいるまちの伝統工芸には何があるのかな？	2
③	伝統工芸に携わる人々と出会い、伝統文化に対する価値観と、その背景にあるものを探ろう！	15
④	職人さんから受け継いだことを交流しよう！	2
⑤	身近な伝統工芸を未来へ繋げるために発信する方法を考えよう！	2
⑥	「伝統工芸」未来へ発信プロジェクトを実践しよう！	5
⑦	実践したことをもとに、「伝統工芸」未来へ発信プロジェクトを再検討しよう！	5
⑧	「伝統工芸」未来へ発信プロジェクトを再実践しよう！	5
⑨	「伝統」に対する価値観を整理し、これからの生き方を見つめよう！	2

このうち本事例では、小単元⑤における児童の学習活動に焦点を当てます。小単元⑤では、児童は身近な伝統工芸を未来へつなげるために発信する方法を考えました。その結果、児童はパンフレットを自作して、身近な伝統工芸のよさや職人さんたちの思いや願いをたくさんの人々に知ってほしいという問題意識をもちました。そこで教員は「京都の伝統工芸を伝えるパンフレットを配るには、どこがよいか」という学習課題を立て、児童は自分たちの生活場面に目を向け、観光客が集まる場所を話し合いました。児童の話し合いから出てきた場所は、京都駅、関西国際空港、鴨川、寺社仏閣、大型商業施設、商店街、イベント会場でした。他にもまだ配布できる場所があるのではないかと児童から声が上がったため、Bingチャットに指示するプロンプトを児童みんなで考え、教員が以下のように入力しました。

> 私は、京都に住んでいる小学5年生です。小学校の総合的な学習の時間で、京都の伝統について学習をしました。伝統工芸の良さを伝えるパンフレットを作りました。観光客に配りたいと思っています。ど

こで配るとたくさんの観光客に渡せますか？

すると、図3-7の回答がありました。Bingチャットが導き出した場所は「コンビニエンスストア、カフェ、観光案内所」でした。一部の児童が更にプロンプトの表現を変えていくことで「宿泊施設、バス停、タクシー乗り場」のように、児童が当初予想していなかった場所が提示されました。児童は、自分たちの話し合いから見いだした配布場所と、Bingチャットが提示した配布場所について検討し始めました。そしてそれぞれの配布場所のよさを協働して話し合い、配布場所を決定しました。

> webを使用しています
> 京都の伝統的な場所や工芸品を紹介するパンフレットを観光客に配るのは素晴らしいアイデアですね！以下は、たくさんの観光客に渡せる場所と方法をいくつかご紹介します。
> 1. セブン-イレブン店舗: セブン-イレブンの店舗入口付近に「京都観光案内」のステッカーを掲示し、店内のサービスカウンターに「京都まち歩きマップ」を入れるラックを設置することで、多くの人々にアクセスできます。
> 2. スターバックス: スターバックスでは、スタッフに申し出れば「京都まち歩きマップ」を提供してくれます。
> 3. 京都えきなか観光案内所: 京都市内の10箇所の駅に便利な「京都えきなか観光案内所」があります。ここでパンフレットを配布することで、多くの観光客に届けることができます[1]。
>
> また、観光マップを活用することもおすすめです。京都市の観光マップにはエリアごとの観光スポットが記載されており、観光客にとって便利な情報が満載です[2]。パンフレットを配布する際に、これらの場所を訪れる観光客に手渡すことで、伝統工芸の魅力を広めることができます。頑張ってくださいね！

図3-7　Bingチャットの回答

(4) 授業の振り返り

本事例では、児童の考えを支援する内容を考えてプロンプトを作成し、Bingチャットの回答を見た上で、更に新たなプロンプトを作成するといったやり取りを繰り返すことで、当初の児童だけの議論の中には出てこなかった配布場所を知ることになりました。児童が納得する配布場所を知るために、生成AIに適切なプロンプトを提示すると、的確な視点を得ることが分かりました。児童の視点を広げるために、児童の思考に寄り添いながら生成AIを活用していくことは、有用な学習の教具になりそうです。ただし、生成AIの回答を安易に取り入れるのではなく、児童が回答を十分に吟味したり判断したりして決定する学習場面をどのように位置付けるか、教師は考え続けなければならないでしょう。

〈宮川　史義〉

2-2 本事例の寸評

　児童生徒が主体的に生成AIを用いる際には配慮が必要です。本事例のように児童の考えを基にして、多様な考えを引き出すとき、Bingチャットなどの生成AIを用いて思考を深め、議論を活発にする素材は有用な教材になるでしょう。生成AIを活用する場合、1回だけプロンプトを入力してその回答を鵜呑みにするのは避けるべきです。本事例では、児童が1回目のプロンプトに対するBingチャットの回答に満足せず、更にプロンプトを検討して、複数の回答の中から伝統工芸のパンフレットを配布する場所の提案を受け取っています。児童にとって、配布場所が多岐にわたりすぎることもなく、適切な場所が生成AIによって指摘されていると判断している様子もうかがえます。まさに、「学びの支援者」として、Bingチャットの回答が活用された事例と言えるでしょう。本事例では「京都の伝統工芸を伝えるパンフレットを配るには、どこがよいか」という学習課題における生成AIの活用事例でしたが、同様の活用場面は、小単元①、②、③などにもありそうです。一方で小単元⑤、⑥のように、発信方法の検討場面や発信プロジェクトを実行に移す場面で、児童が議論を通じて、自分たちの考えや実施方法をいくつか考えた段階で、第三者に意見を聞いてみるつもりで生成AIを活用することも考えられるでしょう。そうした場面で、生成AIに提案するプロンプトの内容や表現を考えるのも、他者に考えを伝える学びの場として活用できるはずです。

　ところで、本事例の総合的な学習の時間の大きな主題として伝統・文化をどのように捉えて、何を広く社会に伝えたいのかを考えるならば、伝統・文化とは何か調査したり、伝達の仕方を調査したりする活動なども取り入れることができるのではないでしょうか。総合的な学習の時間の目標に「実社会や実生活の中から問いを見いだし、自分で課題を立て、情報を集め、整理・分析して、まとめ・表現すること」があります。もっと主体的に児童に試行錯誤する機会を与えて、自ら問いを立てる機会を設けると、生成AIの活用方法にも幅が出てきそうです。

〈金児　正史〉

3-1 小学校国語科でのCanvaによる実践

(1) 事例の概要

本項では、小学校第5学年の国語科でCanva「AI動画生成」を活用した事例について述べます。本校では、児童全員にMicrosoftのアカウントを付与しています。Canvaは動画生成が可能なAIであり、Microsoftのアカウントでサインインできます。様々な動画生成AIがありますが、使用前の設定面での手軽さという点でCanvaを使用しました。なおCanvaの操作は教員が行いました。

(2) 授業実践の主旨

第5学年の文学的な文章では、登場人物の心情を景色と関連付けて表現する「情景描写」を読み取る学習を行います。小学校学習指導要領（平成29年告示）解説 国語編では次のように示されています。

> 　登場人物の相互関係や心情などには、登場人物の性格や情景なども含まれる。
> 　描写とは、物事の様子や場面、行動や心情などを、読み手が想像できるように描いたものである。第5学年及び第6学年においては、描写に着目しながら読み進めていくことが重要である。登場人物の心情は、直接的に描写されている場合もあるが、登場人物相互の関係に基づいた行動や会話、情景などを通して暗示的に表現されている場合もある。このような表現の仕方にも注意し、想像を豊かにしながら読むことが大切になる。
>
> （下線は筆者）

下線部に関わる表現が出てくる学習として、「大造じいさんとガン」という教材を例に挙げます。ここでは、次のような情景描写があります。
「あかつきの光が、小屋の中にすがすがしく流れこんできました」
　この表現に対して、図3-8のAとBのような景色を想像した場合、登場人物の心情の読み取り方は異なります。

図3-8　筆者が生成AIを用いて作成した画像（左：A／右：B）

(3) 取り組みの様子

　筆者が行った実践（以下、「実践①」という）では、Aに近いイメージをもっていると答えた児童は「朝日が出て明るい雰囲気から登場人物の期待感が伝わってくる」と発言し、Bに近いと答えた児童は「少し薄暗いところから登場人物の緊張感が伝わってくる」と発言しました。実践①では、児童が想像した景色について様々な表現を使って伝え合いましたが、自分がイメージしていない景色を想像するのは難しいものです。また、実践①の授業を受けていたある児童がここで「Aの図の鳥の飛び方によっても印象が異なる」と述べました。そこで、CanvaのAI動画生成を用いて、この情景を更に具体的に表現することにしました（以下、「実践②」という）。実践①、実践②ともに授業者である筆者が複数の画像を提示して児童がイメージに近い画像を選択してもらう形式で進めました。

(4) 授業の振り返り

　本授業を振り返ってみると、主に以下4点の知見が挙げられます。

　第一に、児童が自他の想像する景色の違いを把握できることです。話し合いだけでは埋まらないほど、児童が想像する景色には大きな違いがあります。児童が自らの想像を自覚すること、他者の想像を理解することに意義があります。

　第二に、児童の視点を把握できることです。図3-9のCとDは小屋の外側からの視点ですが、図3-9のEは小屋の内側の視点です。この場面を語り手の視点で読んでいるのか、登場人物の視点で読んでいるのかという

ことの違いも明らかになりました。

　第三に、生成AIに入力した言葉から、児童が用いる言葉を教員が見取れることです。「あかつき」という表現で思うような動画にならない場合、児童は別の言葉に言い換えます。言い換えた言葉には、その子どもらしさが表れるため、教員が見取る機会となります。

　第四に、児童の誤りを教員が把握する機会となったことです。例えば、図3-10のような動画をつくった児童に尋ねると、「『あかつき』だから『赤い月』にした」とのことでした。これは、授業の中で語句の意味を確認するだけでは不十分な場合を示している事例と言えます。

　生成AIによって様々な画像や動画が簡単に作成できるようになりました。しかし、国語科では言葉を手がかりにして想像を広げていくことが重要です。そのため、文章の全てを画像や動画で具体化すれば児童の理解が深まるわけではありません。画像や動画が先行すれば、児童が言葉よりも視覚的な情報で理解しようとするかもしれません。生成AIは教員の教材研究と指導への思いがあってこそ有効活用ができるはずです。

〈谷　竜太〉

図3-9　児童がCanvaの動画生成AIで作成した画像（上：C／中：D／下：E）

図3-10　児童がCanvaの動画生成AIで作成した画像

第3章　子どもの学びをどう創るのか？：生成AIを用いた授業実践

3-2　本事例の寸評

　ここで報告された実践は、リテラシー習得の名の下に生成AIを物珍し気に弄り回すことが中心となる授業とは一線を画しており、現行の学習指導要領における国語科の指導内容に準拠した活動を行う責任ある実践です。

　文章だけで説明すると多くの要素が赤裸々に入り過ぎて興ざめになりますが、挿絵などの風景によって登場人物の心情を暗喩として表現することで、児童の感性を深く揺さぶることができます。特に、高学年になると人物像や物語の全体像を具体的に想像して、それらの描写に用いられた表現による効果を考えることが必要ですが、谷氏による実践が興味深い点は、情景描写から登場人物の心情を読み取る活動だけではなく、その逆に、登場人物の心情を情景に反映させる活動を取り入れたことです。無論、こうした国語科における物語文での情景描写を図画工作科と教科横断的に行う活動も構想できますが、Canvaで動画をつくることでその省力化を行いつつ、言葉と表現の往復に焦点を当てていることが実に秀逸です。本実践の場合は、「あかつき」や「すがすがしく」などの作品中の言葉と、その解釈によるプロンプトの入力がいかなる動画出力につながったのかを何往復もすることで、言葉から生まれる多様な表現への想像力が育まれることが期待されます。また、その活動では、谷氏が知見で示したように、情景を示す動画制作を、主人公の大造じいさんの視点と、物語の語り手の視点とで行う二つの場合があり、そうした諸視点の交換を動画制作によって容易かつ具体的に行うことができる点もメリットです。

　その反面、生成AIで創った動画が過度にアトラクティブになると、本来の言葉による豊かな解釈が疎かになることも懸念されます。しかし、これは単なるデメリットというよりも、注意深く言葉と表現の往復を行って、言葉の魅力に焦点を当てることで回避できるでしょう。本実践では児童らの声を丁寧に聞きつつ教員がCanvaに入力して「動画」を制作する活動でしたが、動画以前に「画像」制作してみる活動なども興味深い実践となるでしょう。

〈小原　豊〉

4-1　小学校生活科でのCanvaによる実践

(1) 事例の概要

本事例は、東京都内私立小学校第2学年の生活科の授業で行った実践です。児童104名を対象とし、生成AI「Canva」の機能である、マジック生成のAIグラフィック生成を利用した授業をしました。この機能では、スタイルとアスペクト比を選択し画像のスタイルなどを選択することで、複数のキーワードから画像を生成できます。具体的には、児童がこれからの自分の成長に期待を寄せながら意欲的に生活するために、将来の目標を設定する活動に生成AIを取り入れ、その操作は教員が行いました。

(2) 授業実践の主旨

実践の主旨は、児童の表現方法を拡げることです。生成AIを活用することで、児童一人一人が思い描く未来の自分の姿を具体的にイメージし、それを視覚的に表現する手助けをしました。また、授業時間の効率化を図り、児童が自分の考えを効果的に表現するスキルを身に付けることを目指しました。小学校教員にとって生成AIを授業で扱うというのは難しいと感じるかもしれません。しかし、教育の現場において生成AIの可能性を探ることは、今後の学習活動の多様化と個別化に寄与するでしょう。

(3) 取り組みの様子

本授業は小学校第2学年生活科での最終単元において「こんな3年生になりたい」を設定して、全3時限で行いました。児童は前単元において、自分の成長について生まれた頃からの写真や様子を保護者にインタビューすることを通して、自分の成長について振り返り学習しました。それを踏まえて、本単元ではこれからの自分の成長に期待を寄せながら，意欲的に生活していく児童の姿を目指して設定しています。

第1時では授業冒頭に、児童は小学校2年間の活動について写真を通して振り返りました（図3-11左）。その後、「すてきな3年生ってどんな人？」と考え、それを箇条書きにしました。児童は自分が来年度どんな3年生になりたいかを考え、とても大切にしたいと思う二つのことに○を付け、自分がなりたい3年生の姿を考えるという目標を設定しました（図3-11右）。

図3-11 2年生の様子を振り返る活動（左）、目標設定の活動（右）

　第2時・第3時は連続して行いました。この授業では、前時に設定した目標を基に「こんな3年生になりたい」というワークシートを作成しました（図3-12）。入力部となっているワークシート上側には自分の目標を書き、下部にはその目標を大切にしたい理由を記入しました。真ん中の枠には、Canvaのマジック生成機能を利用し、児童が入力したキーワード（例：「きまりを守る」「友達が困っていたら助ける」「学校」）を基に教員がCanvaで生成した4種類の画像から児童がいくつか選んで挿入しました。これにより、児童は視覚的に自分の目標を表現することができました。

図3-12 「こんな3年生になりたい」ワークシート記入の様子

　授業の中で、児童は生成AIに対して最初はとまどいも見られました。例えば、教員に入力してもらうキーワードを選ぶ際に、多くの児童が「どんな言葉を入力すればいいの？」と悩んでいました。教員はこの段階で、他児童が入力した言葉の具体例を板書し、児童が前時の活動を振り返ってキーワードを思い浮かべやすくなるように支援しました。ある児童は、「きまりを守る」というキーワードから生成された画像が、自分の期待してい

た「教室で静かに手を挙げる」という場面とは違っていたため、「教室」「手を挙げる」というキーワードを追加しました。このように、児童は教員が操作する生成AIに自分の目標に最も適した画像を生成しようと努力しました。

(4) 授業の振り返り

　本授業を通して画像生成AIを利用する最大のメリットは、児童の表現方法の拡充です。操作者として教員が介在しているとはいえ、生成AIを利用することで、児童一人一人が思い描く未来の自分の姿を具体的に表現できました。絵や詩、歌などの他の表現方法と同様に、生成AIによる画像生成も表現手段の一つとして役立ちました。

　その一方で、課題は二つあります。一つめはICT機器などの利活用の習熟に関する課題です。本実践では、児童も教員もICT機器に対して慣れ親しんでいましたが、全ての教育現場が同様の状況とは限りません。ICT支援員や情報教育を推進する部会の協力が必要になる場合があります。二つめは、もし児童が生成AIを直接利用できる環境が整ったとしても、表現したい画像の生成を最後まで追求しないで妥協してしまうケースが起こり得ることです。今回の実践でも、教員が提供した画像には自分のイメージに合った画像がなく、キーワード選びを途中で妥協してしまう児童もいました。理想を追求する姿勢を養うために、教員の適切なサポートが重要です。

　生成AIの活用には課題もありますが、児童の表現方法を広げ、効率的な授業運営を可能にする点で大きなメリットがあります。これからを生きる児童にとって、生成AIを利用するスキルは重要であり、今後も実態に合わせた活用が期待されます。

〈赤羽　泰〉

4-2　本事例の寸評

　自分自身の素朴な考え自体はもっていても、その表現の仕方が分からず困る児童生徒をよく見かけます。その反対に、求められていることは分かっていても、表現力の乏しさゆえにイメージを膨らますことができない児

童生徒もいます。ここで報告された実践事例は、後者の児童生徒に対する支援として生成AIを効果的に用いた事例です。

　本事例において対象が小学校第2学年であるという点で、自分の考えを表現する手段はさほど多くはないでしょう。1年前に、ようやく平仮名や片仮名を学んだ程度ですので、自分の目指す姿を長文で書くのはやや酷です。そのため、「絵で表現する」手段を用いますが、実際には「絵が上手にかけないからやりたくない」という児童も少なくありません。本事例では、この「絵で表現する」活動を生成AIに委ねました。それによって短い文章で児童がプロのイラストレータ並みに表現できて、自分の目指す姿を構想するという目的に対して、その表現手段を合理化する上での効果的な支援として生成AIを取り入れることができているでしょう。

　ここで肝心なのは、児童生徒が表現したいものを的確に表現できているのかという点です。描画を生成AIに委ねるわけですから、絵が上手にかけない児童生徒が新たな表現手段を手に入れる反面、いかに自分の思い描く理想に近付けるのか、プロンプトの入力が重要でしょう。この点で赤羽氏は、声かけをすることで、児童が粘り強く取り組むことを支えています。もしこの入力活動を児童中心に行うのであれば、生成された画像を見直す時間を十分に取りつつ、児童同士で相互確認することも手立てとして考えられるでしょう。また、児童生徒のイメージを更に膨らませることを意図するならば、短い文章で生成AIに絵をかかせるだけでなく、反対に、生成された絵から生成AIを用いて文章に直すことも、新たな表現手段を身に付けるだけでなく、表現の限界を知る上で有効な手段です。こうした文章入力と画像出力の往復活動によって、児童生徒自身が自らの思いとその表現の関係について新しい気付きを得られる深い学びができるでしょう。

〈梅宮　亮〉

5-1　中学校総合的な学習の時間でのRunway Gen-2による実践

(1) 事例の概要

本実践は千葉県の私立中高一貫校で、中学校第3学年32名を対象に行いました。前年度に京都への修学旅行で感じたSDGsの諸問題についてスライド資料を作成して発表することを目的にしており、総合的な学習の時間の授業で全4時限（45分授業）のうち第3時に行いました。使用した生成AIは動画生成AIであるRunway Gen-2です。Runway Gen-2は文章、画像、動画から動画を自動で生成することができます。

(2) 授業実践の主旨

今回は生徒たちがグループで動画生成するための文章や画像を考え、教員にGoogleフォームで共有して、教員が動画を生成しました。Runway Gen-2での動画生成は図3-13の左下にテキスト入力したり、左上にフリー素材などの画像や動画のデータをドラッグしたりして、動画の素材をAIに読み込ませることで、動画を生成します。

図3-13　Runway Gen-2の入出力（左：入力、右：出力）

授業では、まず10分間でグループ分けをして、そのグループで前時に作成したスライドの共有を行いました。次に教員によってRunway Gen-2の紹介とスライドの作成についての説明を5分間ずつ行い、残りの25分間は各グループが動画・スライドの作成をしました。本時では第4時のグループ別発表に備えるために同じようなテーマをもつグループごとに分か

れ、協力して1枚のスライドをつくりました。そのとき、グループごとのスライドにはRunway Gen-2で生成した動画を載せ、聞く人がよりイメージしやすくなるスライドの完成を目指しました。Runway Gen-2は日本語で入力すると、生成される動画の精度がかなり落ちてしまうため、一度、英語に翻訳してから入力する必要があります。その際にGoogle 翻訳などを用いることもできます。画像を挿入するとその画像で背景を固定したり、画像内のものが動いたりします。生徒たちは生成された動画を基に入力する文章や画像を挿入して、理想の動画を作成できるように試行錯誤しました。

(3) 取り組みの様子

　本項では「観光地としての地元と京都の違い」をテーマにしたグループの動画生成についての活動を紹介します。このグループでは、地元にある観光地が京都に比べて少ないことや、地元にあるテーマパークでは外国人来場客の割合が少ないことに着目しました。そこで生徒たちはスライドの導入部分に、若い日本人の観光客がテーマパークを歩いている動画と、様々な年齢層の外国人が京都の街並みを歩いている動画を挿入したいと考えました。最初に生徒たちは若い日本人の観光客がテーマパークを歩いている動画の作成に取りかかりました。そこで「多くの若い日本人が○○（テーマパーク名）を歩いている/Many young Japanese people come to"テーマパーク名" and walk down the street」という文章とテーマパークの実際の背景を入力し、動画を生成しました。その動画は「歩いている人がどのような人か分かりにくい」ため、生徒は様々な画像を背景にして動画を作成しました。しかしながら、どの動画も人の顔までは判別できませんでした。そこで、画像の挿入はやめて、文字だけで動画を生成しました（図3-14）。この動画は歩いている人の顔をはっきりと見ることができるため、スライドに

図3-14　文字だけを入力して作成した動画

採用しました。この後には京都の街並みを歩く外国人の写真を使用して動画を生成しました。

このように、生徒たちは文章や挿入する画像を試行錯誤しながら動画を作成しました。試行錯誤する中で、生徒たちは入力する内容について「『○○個』や『○○人』のように個数を設定しても反映されない。移動させたい対象を通路の奥から手前に移動させたいときは、『画面の上から下に移動する』と入力するとうまくいく」などの注意事項をドキュメントにまとめました。

(4) 授業の振り返り

こうした活動を通して、動画生成AIを使用した生徒たちの多くは「動画をつくることは難しいと思っていたが、想像以上に簡単で楽しかった」や「簡単に動画がつくれるから、いろいろな場面でも使用できそう」などの肯定的な感想をもちました。反面、「思いどおりの動画がつくれなかった」や「動画の内容によっては、実際に動画を撮影したほうがAIを利用するより早い」といった否定的な意見も見られました。確かに英語で文章を入力する必要があることや動画の精度が低いことなど、授業内で円滑に使用することは困難です。しかしながら、動画生成AIは生徒たちの考えを表現する新しい方法になることが期待できます。また、2024年4月現在ではOpenAIが新たな動画生成AI「Sora」を発表するなど、動画生成AIは日々進化しています。動画をより円滑に生成できるようになれば、生徒が自らの考えを更に豊かに表現できるようになるでしょう。

〈大石 泰範〉

5-2 本事例の寸評

プレゼンテーションにおいて動画を用いると、映像化によって説明が分かりやすくなったり、内容をイメージしやすくなったりします。そのため、AIで動画を生成する上で、プレゼンテーションを分かりやすくするという目的意識をもって取り組むことが本事例の重要な点です。その点で言えば、本事例で紹介された生徒たちは、地元にあるテーマパークで外国人来場客の割合が少ないことを伝える上での試行錯誤ができています。例えば、

最終的に歩いている人の顔がはっきりと見えるような動画を選んでいる点がよい例でしょう。また、AIであれば、動画作成の専門的技術があまり必要ありません。この点で、生徒が試行錯誤に時間を割くことができており、AIの導入がグループでの動画生成を通してSDGsの諸問題を表現するという目的を実現する上で、よい手立てとなっています。その反面、やはりプロンプトエンジニアリングの難しさが課題として挙げられます。

　本事例のように、AIを使用して自分の意図する動画がうまく生成できない場合、Runway Gen-2であれば、自分たちがイメージする動きを予め動画にして素材にする方法があります。Runway Gen-2には、写真に映る車や人に動きを加えたり、元の動画を別のスタイルに適用したりしやすいことが特徴の一つとして挙げられます。そのため、自分たちがイメージする動きを予め動画にして素材とすることが効果的です。これにより、その動きを残しつつ見た目を変えるプロンプトを作成するだけで、自分のイメージする動画を生成できます。また、車や人など、すでに動かしたい対象が映る写真や画像がある場合には、逆に背景や物などの見た目はそのままに、動きだけを変えるプロンプトを作成することで自分のイメージする動画を作成できます。このように、一言でAIといえども、様々なAIがあり、それぞれに特徴があります。そのため、児童生徒にそのAIの特徴を共有しておくことが、授業実践における、よりよいAI活用の手立てとなるでしょう。

〈梅宮　亮〉

6-1　高等学校物理でのGoogle Geminiによる実践

(1) 事例の概要

本項では、高等学校の理科科目「物理」における万有引力の法則に関する授業においてGoogle Geminiを活用した事例を紹介します。

(2) 授業実践の主旨

本実践における高等学校では、Google Workspace for Educationを導入しており、もともと Google スプレッドシート（以下、「スプレッドシート」という）という表計算アプリケーションを授業で頻繁に活用してきました。データ処理や複雑な計算を短時間で行えることが大きな魅力です。そのため実験やディスカッションなど、人が対面で集まってできる活動に、より多くの授業時間を当てることができます。その一方、生徒がスプレッドシートを使いこなすための別途の指導が必要です。教員が丁寧にマニュアルをつくっても、やはり授業の場面では「クリックしたらエラーになった！」「これってどうやったらグラフにできるの？」「誰かコンピュータに強い人、ヘルプ〜」などと、あちらこちらから声が上がり、教員はトラブルシューティングに駆け回ることになります。この状況は、コンピュータ技術の修得には避けては通れない道ではありますが、授業時間には限りがあり、教員は教室に1人しかいません。順番待ちで生徒活動が止まってしまうのも避けたいところです。そこで、生徒が教員に求めていたトラブルの解決を、教員ではなく生成AIに尋ねて解決していくことを考えました。それぞれの生徒が、それぞれのトラブルを生成AIに尋ねれば、質問の順番待ちもなくなるし、生徒ごとに異なるトラブルを、個別最適に解決して学んでいくことができます。

(3) 取り組みの様子

本事例の授業で「万有引力の法則」という物理法則を扱う際、生徒たちはスプレッドシートで惑星の軌道をグラフ化する課題に取り組みます（勝田，2018）。「万有引力の法則」とは、この宇宙にある全ての物体同士には、互いに引き付け合う力（引力）がはたらいている、という法則です。例えば地球は、太陽から引力を受けているため、太陽の周りを年に1周のペー

スで公転しています。物理学では、どのような状況であればどのような力がはたらくか、正確に計算することができます。その計算結果を用いれば、地球や他の惑星がどのような軌道を描いて運動するかも分かります。

生徒たちは、次の課題に取り組みました。

① 宇宙空間のある位置に固定された大きな星Aから、惑星Bが引力を受けて運動している。この惑星の描く軌道を、スプレッドシートで計算して描きなさい。

図3-15　課題①の図

② 同程度の重さの惑星Cと惑星Dが、お互いに引力を受けて、同時に運動する。惑星CとDの描く軌道を、スプレッドシートで計算して、重ねて描きなさい。

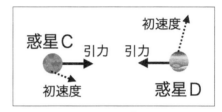

図3-16　課題②の図

③ ②で、惑星Cの上から見ると、惑星Dはどのような軌道を描いて運動するように見えるか。スプレッドシートで計算して描きなさい。

課題①～③の解答を、図3-17に並べました。

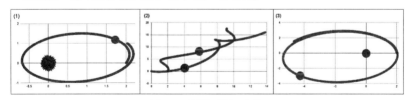

図3-17　課題に対する回答

①では、大きな星Aの引力を受けて、惑星Bが楕円軌道を描いています。②では、惑星CとDは複雑な軌道を描いて運動しているように見えますが、③から惑星Cの上から見れば、惑星Dは楕円軌道を描いているように見えます。つまり、相対的には③も①と同等だと分かります。このことを見いだすのが三つの課題のねらいです。先に述べたように、スプレッドシー

トの扱いについての技術アシスタントに生成AIを活用できます。図3-18は、課題②で二つの惑星C、Dの軌道を一つのグラフに重ねて描く方法を、Google Geminiに尋ねた回答画面です。

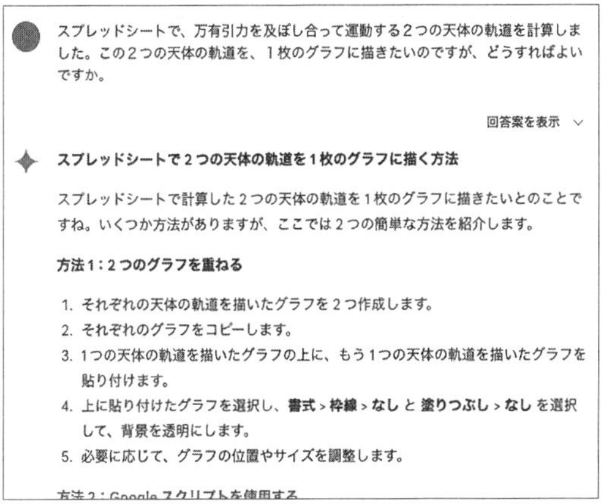

図3-18　グラフを描く方法に対するGoogle Geminiの回答

(4) 授業の振り返り

課題に取り組む中で、生徒は様々な疑問を抱きます。ときには高等学校での学習範囲を超えた知識が必要なこともあります。そのような疑問に対しても、Google Geminiに尋ねて一定の解答を得ることができます。図3-19に実際に尋ねた例を示します。このように、各生徒に技術アシスタ

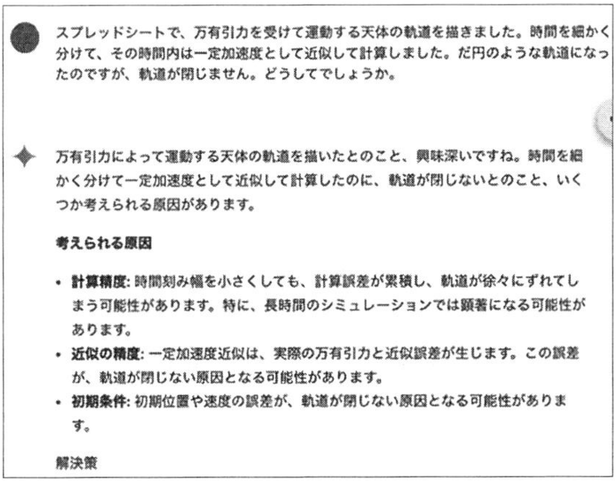

図3-19　生徒の疑問に対するGoogle Geminiの回答

第3章　子どもの学びをどう創るのか？：生成AIを用いた授業実践

ントを配置した環境で、コンピュータを利用した授業ができるようになりました。一方、この授業の肝心なポイントは、よく練られた授業課題であることに注意が必要です。生成AIの活用は、あくまでも物理を理解するための補助的な手段であって、成否を担うのは教員の専門知による授業設計です。この事実は、生成AIが誕生する以前と変わりありません。ただ、授業の選択肢は大きく広がっています。

〈勝田　仁之〉

6-2　本事例の寸評

　生徒が、工夫された本項の課題を解決するために試行錯誤する中で、スプレッドシートの活用の仕方や運動の軌跡を表示する方法を、必要な場面で、個に応じてGoogle Geminiが活用できるように工夫・企画した点は、すばらしいアイデアです。このことによって、学習課題に集中する生徒の支援を、学習者の必要に応じて活用できるので、授業者のねらいも達成しやすくなった好事例だと言えます。なお、図3-18、19に示されたGoogle Geminiが生成した回答は的確ですが、このことは生徒が作成したプロンプトが的確だったことに依存していると思われます。生徒が作成したプロンプトに対して的確な回答が得られない場合に、生徒が幾度となくプロンプトの修正を行っていたことがうかがえます。自力でプロンプトを的確に修正できず、課題をうまく解決できない生徒や学習班にとっては、提示された課題をいかなる糸口から解決すればいいのか、見通しも立たないほど難しい課題だったかもしれません。こうした学習状況にある生徒にとっては、Google Geminiに問いかけても、適切な方針となる回答が提示されずに混乱した場面があったかもしれません。

　ところで課題②や課題③は、ルネサンス期に惑星の軌跡を捉えた研究に直結しています。そこで本項の課題を総括するために、Google Geminiに「私はガリレオ・ガリレイです。これらの課題に対してコメントしてください」といったプロンプトを入力するのも一考ではないでしょうか。Google Geminiがどのような回答を示すかもぜひ見てみたいところです。

〈金児　正史〉

引用・参考文献

〔第1章〕

Amabile, T. M., Barsade, S. G., Mueller, J. S., & Staw, B. M.(2005), Affect and creativity at work. Administrative Science Quarterly, 50(3), pp.367–403

American Psychiatric Association (n.d.), The App Evaluation Model. American Psychiatric Association
https://www.psychiatry.org/psychiatrists/practice/mental-health-apps/the-app-evaluation-model〔2024.4.25情報取得〕

荒井ひろみ(2023), AIにおけるバイアスの課題, 『科学』94(2), pp.138-141

Autor, D. H. (2015), Why Are There Still So Many Jobs? The History and Future of Workplace Automation. Journal of Economic Perspectives, 29(3), pp.3-30

文化庁著作権課(2023), 令和5年度著作権セミナー「AIと著作権」
https://www.bunka.go.jp/seisaku/chosakuken/93903601.html〔2024.6.20情報取得〕

Discovery AI(2023), 深津式プロンプト・システムでChatGPTを最大限に活用する方法. note
https://search.app/UuUXYti5yYqXccci8〔2024.7.29情報取得〕

ドイツ連邦政府(2016), White Paper, Work 4.0. p.47
https://www.bmas.de/EN/Services/Publications/a883-white-paper.html〔2024.8.9情報取得〕

emol株式会社(2023a), emolが小・中学生に向けたメンタルヘルスケアを目的とした校務支援サービスをリリース。NECネッツエスアイが販売店として販売を開始
https://prtimes.jp/main/html/rd/p/000000020.000043787.html〔2024.4.25情報取得〕

emol株式会社(2023b), emolはアプリを活用したセルフケアプログラムの提供を通じて、神戸市教育委員会の教員向けメンタルヘルスケア推進の支援を開始
https://prtimes.jp/main/html/rd/p/000000021.000043787.html#js-latest-press-releases〔2024.4.25情報取得〕

Escalante, J., Pack, A. & Barrett, A.(2023), AI-Generated Feedback on Writing: Insights into Efficacy and ENL Student Preference. International Journal of Educational Technology in Higher Education, 20(57)
http://dx.doi.org/10.1186/s41239-023-00425-2

Fitzpatrick, A. W. P., Falcon, B., He, S., Murzin, A. G., Murshudov, G., Garringer, H. J., Crowther, R. A., Ghetti, B. G., Goedert, M. & Scheres, S. H. W.(2017), Nature volume 547, pp.185-190

Fitzpatrick, K. K., Darcy, A., Vierhile, M. (2017), Delivering Cognitive Behavior

Therapy to Young Adults With Symptoms of Depression and Anxiety Using a Fully Automated Conversational Agent (Woebot): A Randomized Controlled Trial JMIR Ment Health 2017; 4（2）：e19
https://doi.org/10.2196/mental.7785

Frey, C. B., & Osborne, M. A.（2013）,"The future of emplyment: how susceptible are jobs to computerization?"

ガニェ, R. M., ウェイジャー, W. W., ゴラス, K. C., ケラー, J. M.（2007）,『インストラクショナルデザインの原理』,鈴木克明・岩崎信監訳,北大路書房

ハッティ, J.,（2017）,『学習に何が最も効果的か』,原田信之訳,あいり出版

ハッティ, J., クラーク, S.（2023）,『教育の効果：フィードバック編』,原田信之監訳,法律文化社

Habicht, J., Viswanathan, S., Carrington, B., Hauser, T. U., Harper, R., Rollwage, M.（2024）, Closing the accessibility gap to mental health treatment with a personalized self-referral chatbot. Nat Med. 2024 Feb; 30（2）: pp.595-602.
https://doi.org/10.1038/s41591-023-02766-x

ホルムス, W., ビアリック, M., ファデル, C.（2020）,『教育AIが変える21世紀の学び』,関口貴裕編訳,北大路書房

稲垣忠・鈴木克明編（2015）,『授業設計マニュアル　Ver.2：教師のためのインストラクショナルデザイン』,北大路書房

岩本晃一（2019）,独立行政法人経済産業研究所（RIETI）　AIと日本の雇用
https://www.rieti.go.jp/jp/special/special_report/102.html〔2024.6.20 情報取得〕

岩本晃一（2020）,独立行政法人経済産業研究所（RIETI）研究プロジェクト「人工知能のマクロ・ミクロ経済胴体に与える影響と諸課題への対応の分析」AIが日本の雇用に与える影響の将来予測と政策提言
https://www.rieti.go.jp/jp/publications/summary/20030017.html〔2024.6.20 情報取得〕

人工知能学会（n.d.）,教養知識としてのAI　〔第1回〕AIってなに？
https://www.ai-gakkai.or.jp/resource/ai_comics/comic_no1/〔2024.6.20 情報取得〕

Jonassen, D. H.（2000）, Computers As Mindtools for Schools: Engaging Critical Thinking (second edition). Prentice Hall, NJ

Jonassen, D. H., Peck, K. & Wilson, B.G.（1999）, Learning With Technology: A Constructivist Perspective. Prentice Hall, NJ

科学技術振興機構研究開発戦略センター（2023）,人工知能研究の新潮流2：基盤モデル・生成AIのインパクト
https://www.jst.go.jp/crds/pdf/2023/RR/CRDS-FY2023-RR-02.pdf〔2024.6.20 情報取得〕

Lagan, S., Aquino, P., Emerson, M. R., Fortuna, K., Walker, R., & Torous, J.（2020）,

Actionable health app evaluation: Translating expert frameworks into objective metrics. npj Digital Medicine, 3, 100.
https://doi.org/10.1038/s41746-020-00312-4

松岡保静・中村俊允・村上聡一朗・澤山熱気（2020），英作文採点・添削技術の開発，『NTTドコモ　テクニカル・ジャーナル』27（4），pp.56-60

文部科学省（2022），生徒指導提要（改訂版）
https://www.mext.go.jp/content/20230220-mxt_jidou01-000024699-201-1.pdf
〔2024.4.25情報取得〕

文部科学省（2023a），不登校・いじめ緊急対策パッケージ
https://www.mext.go.jp/content/000258018.pdf〔2024.6.20情報取得〕

文部科学省（2023b），令和4年度　児童生徒の問題行動・不登校等生徒指導上の諸課題に関する調査結果
https://www.mext.go.jp/content/20231004-mxt_jidou01-100002753_1.pdf
〔2024.6.20情報取得〕

文部科学省（2023c），令和4年度　児童生徒の問題行動・不登校等生徒指導上の諸課題に関する調査結果及びこれを踏まえた緊急対策等について（通知）
https://www.mext.go.jp/a_menu/shotou/seitoshidou/1422178_00004.htm
〔2024.8.17情報取得〕

Musser, G.（2019），Machine Learning Gets a Bit More Humanlike: How machines could learn creativity and common sense, among other human qualities
https://www.scientificamerican.com/article/machine-learning-gets-a-bit-more-humanlike/〔2024.8.17情報取得〕

日本放送協会（2024），森永卓郎氏など有名人かたり…SNS型投資詐欺急増　30代-40代も注意　"怪しい"と思ったが1900万円失った人も，首都圏ナビ，WEBリポート
https://www.nhk.or.jp/shutoken/wr/20240419a.html〔2024.8.26情報取得〕

西岡加名恵・石井英真・田中耕治編（2022），『新しい教育評価入門：人を育てる評価のために：増補版』，有斐閣

野村総合研究所（2023），生成AIで変わる未来の風景：突然現れた「生成AI」について知っておくべきこと
https://www.nri.com/-/media/Corporate/jp/Files/PDF/knowledge/report/souhatsu/2023/miraisouhatsu-report_vol10_202312.pdf?la=ja-JP&hash=A3D66D816F88C29D35D301BF6BEE21DABBDB42AA〔2024.6.20情報取得〕

OECD.（2016），Automation and Independent Work in a Digital Economy. POLICY BRIEF ON THE FUTURE OF WORK -（Vol. 2）

OpenAI（2023），GPT-4 Technical Report
https://cdn.openai.com/papers/gpt-4.pdf〔2024.8.26情報取得〕

Pack, A. & Maloney, J.（2023），Potential Affordances of Generative AI in Language Education: Demonstrations and an Evaluative Framework. Teaching English with Technology, 23（2），pp.4-24
https://doi.org/10.56297/buka4060%2Fvrro1747
Raghavan, P.（2024），Gemini image generation got i t wrong. We'll do better
https://blog.google/products/gemini /gemini -imagegeneration-issue/〔2024.4.5情報取得〕
Sadler, D.R.（1998），Formative assessment: Revisiting the territory. Assessment in Education: Principles, Policy & Practice, 5（1），pp.77-84
https://doi.org/10.1080/0969595980050104
澤山熱気・松岡保静（2023），英語スピーキング採点技術の開発，『NTT技術ジャーナル』2023.3，pp.38-40
https://doi.org/10.60249/23085103
SELF株式会社（2023），ライフサポートAIアプリ「SELF」が大幅リニューアル！ChatGPTと連携した未来予測機能も搭載
https://prtimes.jp/main/html/rd/p/000000021.000043787.html#js-latest-press-releases〔2024.4.25情報取得〕
スマートIoT推進フォーラム（2021），AI×人のベストミックスで教育を新しく「atama＋」
https://smartiot-forum.jp/iot-val-team/iot-case/case-atama-plus〔2024.6.20 情報取得〕
竹林由武・前田正治（2020），『遠隔心理支援』，誠信書房
Takebayashi, Y. et al.（2020），Effectiveness and characteristics of telepsychological interventions on mental health outcome: a systematic review of systematic reviews
富場脩聖・御園真史（2024），数学に関する質問への対話型AIの回答を活用した授業の開発，日本教育工学会2024春季全国大会講演論文集，pp.583-584
van Agteren, J., Iasiello, M., Lo, L., Bartholomaeus, J., Kopsaftis, Z., Carey, M. & Kyrios, M.（2021），A systematic review and meta-analysis of psychological interventions to improve mental wellbeing. Nature Human Behaviour, volume 5. pp.631-652

〔第2章〕
アンダーソン, L. W., クラスウォール, D. R.編（2023），『学習する、教える、評定するためのタキソノミー：ブルームの『教育目標のタキソノミー』の改訂版』中西穂高・中西千春・安藤香織訳，東信堂
ベネッセ教育総合研究所（2017），学校外教育活動に関する調査　2017
https://berd.benesse.jp/up_images/research/2017_Gakko_gai_tyosa_web.pdf
〔2024.6.20 情報取得〕

バーグマン, J., サムズ, A.（2014），『反転授業』，上原裕美子訳, 山内祐平・大浦弘樹監修，オデッセイコミュニケーションズ
ChatGPTビジネス研究会（2023），『ChatGPT120％活用術』，宝島社
データサイエンティスト協会・情報処理推進機構（2021），データサイエンティストのためのスキルチェックリスト／タスクリストの概説
Flipped Learning Network（2014），Definition of Flipped Learning. FLIP LEARNING
　　https://flippedlearning.org/definition-of-flipped-learning/〔2024.6.20情報取得〕
長谷川公一・浜日出夫・藤村正之・町村敬志（2019），『社会学　新版』，有斐閣
ハッチンス, P.（1987），『おまたせクッキー』乾侑美子訳，偕成社
石黒圭（2023），『ていねいな文章大全：日本語の「伝わらない」を解決する108のヒント』，ダイヤモンド社
Khan Academy（n. d.）
　　https://www.khanacademy.org/〔2024.6.20 情報取得〕
近畿大学（2023），生成系AI（ChatGPT、BingAIなど）の利活用について
　　https://www.kindai.ac.jp/news-pr/important/2023/05/038764.html〔2024.6.20情報取得〕
今野喜清・新井郁男・児島邦宏編（2014），『第3版　学校教育辞典』，教育出版
教育の未来を研究する会編（2023），『最新教育動向　2024』，明治図書出版
リウカス, L.（2016），『ルビィのぼうけん：こんにちは！　プログラミング』鳥井雪訳，翔泳社
文部科学省（2018），小学校学習指導要領（平成29年告示）解説　特別活動編
文部科学省（2024），令和5年度外国人の子供の就学状況等調査結果について
　　https://www.mext.go.jp/content/20240808-mxt_kyokoku-000007294_504.pdf〔2024.9.2 情報取得〕
森朋子・溝上慎一（2017），『アクティブ・ラーニング型授業としての反転授業』，ナカニシヤ出版
長沼豊・柴崎直人・林幸克（2020），『改訂第2版　特別活動の理論と実践』，電気書院
小原豊（2023），生成AIの教育利用の試案における数学科教員志望学生の解釈, 『数学教育学会2023年度夏季研究会（関東エリア）論文集』pp.10-11
PR TIMES，(2024)，生成AIを活用し、旅行プランが自動提案される「NAVITIME Travel AI」を提供開始
　　https://prtimes.jp/main/html/rd/p/000000350.000026884.html〔2024.6.20 情報取得〕
柴田元幸（1994），言語の論理翻訳：作品の声を聞く，小林康夫・船曳建夫編『知の技法』，東京大学出版会，pp.62-77
清水亮（2023a），『教養としての生成AI』，幻冬舎

清水亮（2023b）,『検索から生成へ：生成AIによるパラダイムシフトの行方』, エムディエヌコーポレーション

髙橋麻衣子（2023）, 生成AI時代の教育の在り方を再考する：テクノロジーは学習をどのように支援するのか,『コンピューター＆エデュケーション』Vol.55, pp.19-24

友枝敏雄・樋口耕一・平野孝典編（2021）,『いまを生きるための社会学』, 丸善出版

東洋大学現代社会総合研究所ICT教育研究プロジェクト（2015）, 武雄市「ICTを活用した教育」2014年度第二次検証報告書（要約版）
https://www.city.takeo.lg.jp/kyouiku/docs/20150928kyouiku02.pdf〔2024.6.20 情報取得〕

内田良（2015）,『教育という病：子どもと先生を苦しめる「教育リスク」』), 光文社新書

山田優（2024）,『ChatGPT翻訳術：新AI時代の超英語スキルブック』, アルク

〔第3章〕

勝田仁之（2018）, 実践報告：物理基礎において運動方程式を数値的に解く：等加速度運動に実用的な価値をもたらす試み,『物理教育通信』173, pp.49-59

小林徹也（2023）,「対話型AI」とビーイング, 河口竜行・木村剛・法貴孝哲・皆川雅樹・米元洋次編著『シリーズ　学びとビーイング　3：学校内の場づくり、外とつながる場づくり』, りょうゆう出版, pp.14-17

文部科学省（2018）, 小学校学習指導要領（平成29年告示）解説　総合的な学習の時間編

文部科学省（2024）, 生成AIパイロット校一覧　茨城県竜ヶ崎第一高等学校最終報告
https://leadingdxschool.mext.go.jp/wp/wp-content/uploads/2023/11/08_%E8%8C%A8%E5%9F%8E%E7%9C%8C%E6%95%99%E8%82%B2%E5%A7%94%E5%93%A1%E4%BC%9A.pdf〔2024.5.5情報取得〕

文部科学省国立教育政策研究所教育課程研究センター（2020）,「指導と評価の一体化」のための 学習評価に関する参考資料　中学校数学
https://www.nier.go.jp/kaihatsu/pdf/hyouka/r020326_mid_sansu.pdf〔2024.6.20 情報取得〕

索引

〔ア行〕
アイデア出し　71, 117
いじめ　29, 43
音楽生成AI　41

〔カ行〕
格差　87, 88, 90
学習課題　117, 124, 126, 142
画像生成AI　10, 11, 23, 24, 41, 133
学級通信　59, 61
家庭学習　50, 77, 87, 95
壁打ち　7, 56, 85, 86, 95, 110, 117
観点別学習状況の評価　81
基盤モデル　9-12
教材研究　14, 16, 53, 129
具体化　49, 129
校正　64-67
校務　1, 10, 20, 50, 103, 109
個人情報　15, 28, 29, 66

〔サ行〕
週案作成　50, 51, 53, 54
主体的　37, 69, 78, 80, 82-84, 95, 105, 106, 108, 111, 112, 115, 126
情報格差　88
情報収集　98
職業喪失予測　13, 15
総合的な学習の時間　81, 123, 124, 126, 135
創造性　8, 24, 25
創造的な活動　26

〔タ行〕
対話　5-7, 10, 22-24, 29, 44, 46, 47, 86-88, 91, 108, 110-113, 115, 116
タキソノミー・テーブル　81, 83, 84
たたき台　51, 53, 56, 57, 71
探究的　91-93, 123
著作物　39-42
デジタル・シティズンシップ　28, 29
動画生成AI　41, 127, 129, 135, 137
導入課題　69-71

〔ナ行〕
認知機能　32

〔ハ行〕
発達段階　121, 122
ハルシネーション　7, 36, 37, 55, 73, 94
反転授業　91
ビッグデータ　9-12, 18, 68
批判的思考　7, 36-38
評価規準　20, 21, 81-84, 106, 111, 115
ファクトチェック　109, 110, 116
プログラミング　10, 22, 24, 26, 37, 68-70
プロンプト　6, 7, 20, 29, 42, 49-52, 54, 56-58, 60-62, 64, 65, 70, 73, 74, 76-80, 82, 85, 86, 94, 97, 101, 108, 110-115, 124-126, 130, 134, 138, 142

プロンプトエンジニアリング　49
文章生成AI　41
翻訳　59-63, 136

〔マ行〕
模範解答　18, 77-80
問題の作成　73, 74, 100

〔ヤ行〕
ユーザーインターフェイス　10, 49

〔英字〕
AIアラインメント　11
Alpha Geometry　48
Bing　10, 123-126
Bard　103-105
Canva　127-132
ChatGPT　6, 10-12, 20, 21, 23, 24, 29-31, 35-37, 44, 47, 48, 55, 61, 62, 64, 66, 67, 70, 73, 76, 80, 85, 88, 92-94, 99, 101, 102, 108, 110, 112-115, 118-121
Code Llama 70B　10
Copilot　47, 50-52, 54, 91, 92, 94, 95, 123
DALL·E　10, 70
Firefly　42
Gemini　33, 34, 47, 48, 51, 53, 77, 79, 82, 83, 103, 139, 141, 142
GIGAスクール構想　88
GitHub Copilot　24
GPT（→ChatGPT）
History　92
Midjourney　11
Runway Gen-2　135, 136, 138
Stable Diffusion　9
Wolfram　48, 114

執筆者一覧

【編著者】

小原　豊（おはら　ゆたか）
　　まえがき、第1章第1節1、第1章コラム、第3章第2節1-2、3-2
　　筑波大学産学官連携研究員、鳴門教育大学助教授、立命館大学准教授、関東学院大学教授を経て、現在、学習院大学大学院教授。
　　主な著書に『未来を拓くICT教育の理論と実践』（東洋館出版社、共編著）、『Japanese Lesson Study in Mathematics』（World Scientific、共編著）、『授業に役立つ算数教科書の数学的背景』（東洋館出版社、共編著）、『深い学びを支える数学教科書の数学的背景』（東洋館出版社、共編著）、『中学校数学科つまずき指導事典』（明治図書出版、共編著）他。

金児　正史（かねこ　まさふみ）
　　第1章第1節3、第3章第2節2-2、6-2
　　東京女学館中学校・高等学校教諭、鳴門教育大学教授（兵庫教育大学連合大学院教授兼任）を経て、現在、帝京平成大学教授。
　　主な著書に『Mathematical Modelling and Applications：Crossing and Researching Boundaries in Mathematics Education』（Springer、分担執筆）、『Modelling Class for Lower Secondary School Students』（Springer、分担執筆）、『TIMSS2015算数・数学教育／理科教育の国際比較国際数学・理科教育動向調査報告書』（国立教育政策研究所、分担執筆）他。

北島　茂樹（きたじま　しげき）
　　第1章第1節4、5、第2章第2節4、第3章第1節1-2、2、3-2、4
　　東京都立高等学校教諭、筑波大学附属中学校教諭を経て、現在、明星大学教授。博士（教育学、東北大学）。
　　主な著書に『未来を拓くICT教育の理論と実践』（東洋館出版社、共編著）、『中学校数学科　ユニバーサルデザインの授業プラン30：UDLの視点で、生徒全員の学びを支える』（明治図書出版）、『中学校新数学科　数学的活動の実現』（明治図書出版、共編著）、『新課程6ヵ年教育をサポートする体系数学』（数研出版、共編著）他。

【分担執筆者】（五十音順）

赤羽　　泰（あかはね　たい）淑徳小学校　第2章第2節1、第3章第2節4-1
天野　通大（あまの　みちお）博士（理学）、明星大学助教　第1章第2節6
岩田　光弘（いわた　みつひろ）筑波大学附属高等学校　第2章第3節4
梅宮　　亮（うめみや　りょう）横浜市立汐入小学校　第2章第1節3、第3章第2節4-2、5-2
枝廣　和憲（えだひろ　かずのり）博士（教育学）、福山大学准教授　第1章第2節5
大石　泰範（おおいし　やすのり）八千代松陰中学校　第3章第2節5-1
勝田　仁之（かつだ　ひとし）筑波大学附属高等学校　第3章第2節6-1
川之上　光（かわのうえ　ひかる）横浜市立屏風浦小学校　第2章第2節4
栗原　　崚（くりはら　りょう）学習院大学文学部助教　第2章第3節2
小石沢勝之（こいしざわ　かつゆき）筑波大学附属中学校　第2章第3節3
小出　晴斗（こいで　はると）興本扇学園足立区立扇中学校　第3章第1節1-1
甲村　美帆（こうむら　みほ）博士（学術）、群馬県立女子大学教授　第1章第2節2
小平　　理（こだいら　さとる）上松町立上松中学校　第2章第2節3
小林　徹也（こばやし　てつや）博士（学術）、茨城県立竜ヶ崎第一高校学校）第3章第1節3-1
坂井　武司（さかい　たけし）博士（情報学）、京都女子大学教授　第1章第2節4
清水　優菜（しみず　ゆうの）博士（教育学）、国士舘大学講師　第1章第1節2、第2章第1節コラム
神保　勇児（じんぼ　ゆうじ）東京学芸大学附属大泉小学校　第3章第2節1-1
瀬戸　和希（せと　かずき）博士（理学）、島根大学助教　第2章第3節コラム
谷　　竜太（たに　りゅうた）田中学園立命館慶祥小学校　第2章第1節1、第3章第2節3-1
中林　一紀（なかばやし　かずき）明星小学校　第1章第1節4
福田　敏史（ふくだ　さとし）学習院大学大学院　第2章第1節4
前田　裕介（まえだ　ゆうすけ）大阪大谷大学助教　第2章第3節1
松澤　翔太（まつざわ　しょうた）東京都立葛飾商業高等学校　第2章第2節2
御園　真史（みその　ただし）博士（学術）、島根大学教授　第1章第2節3
宮川　史義（みやかわ　みたけ）京都教育大学附属桃山小学校　第3章第2節2-1
宮島　衣瑛（みやじま　きりえ）学習院大学大学院　第1章第1節6、第2章第2節コラム
山﨑　蒼太（やまざき　そうた）学習院大学教育学科　第2章第1節2
山本　　光（やまもと　こう）横浜国立大学教授　第1章第2節1

カスタマーレビュー募集

本書をお読みになった感想を下記サイトにお寄せ下さい。レビューいただいた方には特典がございます。

https://www.toyokan.co.jp/products/5568

実践事例で学ぶ　生成 AI と創る未来の教育

2024（令和6）年10月11日　初版第1刷発行

編著者：小原　豊、金児　正史、北島　茂樹
発行者：錦織　圭之介
発行所：株式会社東洋館出版社
　　　　〒101-0054 東京都千代田区神田錦町2丁目9番1号
　　　　　　　　　コンフォール安田ビル2階
　　　　代　表　電話 03-6778-4343　FAX 03-5281-8091
　　　　営業部　電話 03-6778-7278　FAX 03-5281-8092
　　　　振　替　00180-7-96523
　　　　Ｕ Ｒ Ｌ　https://www.toyokan.co.jp

印刷・製本：岩岡印刷株式会社
　　　装丁：國枝　達也

ISBN978-4-491-05568-8　Printed in Japan

JCOPY ＜(社)出版者著作権管理機構 委託出版物＞
本書の無断複写は著作権法上での例外を除き禁じられています。複写される場合は、そのつど事前に、(社)出版者著作権管理機構（電話:03-5244-5088、FAX:03-5244-5089、e-mail:info@jcopy.or.jp）の許諾を得てください。